朱雀文化

從小套房、夾層屋到大坪數房子，
從選屋、交屋到裝修布置，
從時尚美學、彈性傢俱、
坪效放大技巧到省錢裝修秘訣，
本書教你避開房屋銷售陷阱，
成為買屋高手&裝修贏家，快樂搬新家！

唐芩 著

Make a
HOUSE
in to a
HOME

輕鬆打造！
中古屋變新屋

絕對成功的買屋、裝潢、設計要點&實例

聰明嚴選，經濟裝修，小住宅變美又增值

金窩、銀窩，I Love我的風格小窩。

從小套房、夾層屋到大坪數房子，

從選屋、交屋把關到裝修布置，

從時尚美學、彈性家具、坪效放大技巧到省錢裝修秘訣，

高效能的機能重疊，多用途的彈性家具，即使住套房也不用學縮骨功。

本書教你避開房屋銷售陷阱，成為買屋高手&裝修贏家，讓你快樂搬新家。

好想有個家！相信每個人的心中，都懷抱著這樣的夢想。

一間理想的住宅，是每個人一生中最大的幸福源地，購屋經費動輒千百萬，天天生活在其中，對於品質和美感，當然要講究。也許礙於經費預算，只能購買較小坪數的住宅，但小空間也有很多手法可以變得有特色而寬敞，即使是租房子，也要布置得舒適、符合機能，才能享有優質的生活品質。

如何用聰明且省錢的方式把「房子」變成你的「家」，從一間買賣的住宅變成一處幸福的溫床，是本書最重要的目標。

書中有許多具體的評估標準和手法技巧，提供經驗讓您有依據的選購住宅、順利交屋，運用室內裝修設計和DIY布置方法，瞭解空間格局、建材運用、設備配件、家具擺設、裝飾效果的規劃設計技巧，以最少的經費打造出你最喜歡的生活風格。

本書並特別收錄實用易學的8個實際案例現身說法，不藏私傳授經驗和省錢秘訣，教你掌握買屋和裝修訣竅，作住宅品質的主宰，也作自己幸福的主人，快樂坐擁優質住宅。

唐芩

目次
contents

照片提供：IKEA宜家家居
(02-2716-8900)

照片提供：IKEA宜家家居
(02-2716-8900)

照片提供：
Homebox（0800-800-958）

5

PART 1.

百分百幸福美屋，
絕不買錯挑選大法。

挑選大法
Step by Step

→Step 1 確認理想住宅需求
→Step 2 生活機能評估
→Step 3 社區內外環境探勘
→Step 4 氣候季節考驗
→Step 5 房屋總價預算評估
→Step 6 住宅空間品質考量
→Step 7 確認買屋成交合約

買房子的經費為數不小，在選購和交屋時，特別要謹慎，才能嚴選出屬於你的幸福住宅。這裡從「主流住宅基本款」開始分析，再以「理想美屋評估3大招」、「住宅內部10項總體檢」以及「買屋成交10大守則」來把關，避免落入建商廣告宣傳和買賣交易的陷阱。慎選體質好的住宅，不僅住得舒適、住得健康，還可節省修改上的裝修花費喔！

針對需求，挑對速配宅

舉凡購屋目的、購屋預算、家庭人口都是影響購屋坪數的主因，時下常見的購屋配對可分以下四類：

1.單身族與新婚夫妻

　　單身族或新婚夫妻，是中小坪數住宅的主要消費群。這些族群因為人口少，所以選擇套房或2房的小格局住宅就綽綽有餘了，「交通機能」、「生活消費」才是首要考量要件。當然，也有人把小坪數住宅當成購買大宅前的過渡期，所以租賃比例很高。

2.學區卡位小家庭

　　為了讓孩子就讀理想中的學校，有些家庭會事先在明星學區購買小套房以便遷移戶口，因此熱門學區的房價一直維持高行情。當然，也有舉家搬遷到學區附近居住的案例，這種情況對坪數需求與購物經費，就比「小套房掛學區」的方式加重許多。

3.退休閒居養老族

　　長青住宅、養老社區因為標榜安全性高、附設醫療通報系統、聯誼休閒設施，成了房地產市場中新興的住宅類型。此類住宅坪數通常屬於小坪數格局，以小套房、1房1廳的大套房居多。

4.買屋賺錢投資客

　　位於精華或熱門地區的小坪數住宅，因為總價較低，轉賣脫手容易，成了投資客鎖定的對象。有許多買主還會事先進行室內裝修工程，使賣相加分，讓房價提昇。

中小坪數住宅6典型

小坪數或大坪數如何認定？主要視「居住人數」、「經濟能力」、「生活形態的時代潮流變遷」三大因素來決定。以3人以上的家庭來說：25坪以下的住宅屬「小坪數」、26至50坪屬「中坪數」、50至100坪稱為「大坪數」、101坪以上稱為「超大坪數」，但都會區的地價房價高漲，1/2的住宅坪數規劃多集中在10至40坪左右，最常見的格局可分為以下6種：

1 經濟小套房（1房1衛）

套房是一種除了浴室之外，沒有隔間的「All in One」住宅空間，面積10坪以內的住宅多稱為「小套房」，適合單身者居住。舉凡飲食、睡眠、衛浴、烹調、貯藏等套房的生活方式，都需要透過有技巧的規劃：比方精簡生活雜貨、利用伸縮家具和多用途家具等方式，才能在「小空間」、「無隔間」的狀態中作多層次的滿足。此外，有陽台的套房在機能和空間感上，會比無陽台的套房來得舒適好用，在選購時可以多比較看看。

2 好用大套房（1房1廳1衛）

10坪至15坪左右的住宅，可以隔出1房1廳1衛的格局，區分出公共區和臥房兩部分，所以一般稱作「大套房」，除單身住得舒適外，也適合新婚夫妻居住。大套房的廚房多為簡易型流理台，附設在空間角落或陽台，以電磁爐、微波爐為主要烹調設備。購屋後，可請瓦斯水電行協助加裝瓦斯爐和遷管線。

3 小2房格局（2房、1至2廳、1廚、1衛）

大於20坪的屋子較適合作2房1廳的規劃，包含2個獨立的房間、1間客廳、1間餐廳、1間廚房、1套或1套半的衛浴設備，此種住宅規模頗適合夫妻2人，或僅有1個小孩的家庭使用。如果坪數較小，可讓餐廳合併在走道或客廳區域內，或讓衛浴僅留有1套也可。

● POINT 購屋小常識！

坪數的意義

所謂「空間坪數」，要注意「建築坪數」、「實際坪數」、「使用坪數」的差別：

建築坪數：權狀登記的產權面積坪數，包含公設的分攤比例。

實際坪數：住宅的建築總面積扣除公設分攤面積比例，剩下住宅室內和陽台的使用面積即是實際坪數。

使用坪數：建築坪數再加上可能涉及擴建、增建，甚至違建的坪數空間，比方非法夾層屋、陽台外拓、頂樓違法搭建的面積等即為使用坪數，賣方常會以「使用坪數比建築坪數大」作為行銷手段，但買方要特別注意，未登記在產權權狀的面積，若屬違建，日後可能會面臨被拆除的窘境，到時候不僅會影響生活，還要處理拆除後的「復原裝修工程」費用呢！

全套衛浴與半套衛浴

全套衛浴：係指浴室面積充足，含有「洗臉台」、「馬桶」、「浴缸或淋浴間」等，稱為全套衛浴。

半套衛浴：浴室面積較小，只有「洗臉台」和「馬桶」二種使用功能，或是勉強隔出一處淋浴區，稱為半套衛浴。

Point 購屋小常識！

PART 1.

合法與非法夾層屋的判斷標準

合法夾層加蓋的面積只限一樓或頂樓，而且不能超過當層面積的1/3，同一樓層內，若夾層面積之總和，超過該層樓地板面積1/3或超過100平方公尺者，則視為另一樓層。如果夾層面積並未計入總樓地板面積，而且未在建照申請圖和竣工圖中出現者，即屬違章建築物。以下三種線索可作為確認方式：

1.向建管單位求證

購屋人可以要求賣方（建商、仲介商或前屋主）提出主管機關核准的圖說內容，如果上頭並未標示有夾層空間，即屬違法夾層屋。如果是二手屋、三手屋，原始資料遺失或已經過了裝修工程改造期，則可直接向主管建築機關申請最原始的建築圖面。

2.建商暗示可二次施工

若預售屋或新成屋的建商或代銷公司提到有關「可以」二次施工加蓋夾層等暗示，有可能屬於違法意圖，要詳加確認自行搭建是否違法，並確認購屋價格是否有被欺騙哄抬。

3.產權能登記才合法

合法夾層屋的夾層部分可以辦理登記產權，所以如果產權面積無包含夾層，即屬於違法夾層屋。

4 3至4房中大住宅（3至4房、2廳、2衛）

有兩個小孩以上的家庭，多會考慮有三個房間的住宅，通常建築面積在25坪以上，較適合規劃成3房。想挑選3房2廳的格局，需要達到30坪以上的住宅較舒適。若面積30坪以下的小3房格局，也可以考慮打通其中兩房之間的隔間牆，合併出一間較寬敞的房間作主臥房。

5 挑高夾層屋

夾層屋指的是「夾於樓地板與天花板之間的樓層」，市面上合法的夾層屋不多，許多是建商在建管單位核發執照後，逕行「二次施工」所增加的夾層空間，使每戶多些使用面積。如果看到已經施作夾層的住宅，要查證其「合法性」，其中「結構是否安全」是考慮的首要條件。需要求賣方提出結構安全證明，若是建商非法增設，這些夾層的使用面積不能計入建築物的「總樓地板面積」，也無法登記在房屋權狀內。合法夾層屋事先應和建築結構體一起設計，自行加設的夾層屋，因為屬額外附加的結構，所以「面積宜小」、「重量宜輕」，避免承受太大重量和活動衝擊力。住宅既有樓層高度最好在4公尺以上，分層高度才能容納人挺直站立和活動。樓高太低的夾層意義不大，僅適合作收納用。

即使是合法夾層屋，多數也把成本灌入總價內，消費者需考慮清楚夾層的高度、面積及使用舒適性，再評斷是否購買。

6 通透樓中樓

樓中樓的住宅係指樓層中夾著另一個面積較小的樓層，且結構體一併設計施工，並為合法規格。如果喜歡有挑空和夾層感覺的住宅空間，對於夾層屋的合法性和安全性有顧慮，就可以考慮「樓中樓」的住宅。

樓中樓的住宅室內高度多在3.6公尺、4.2公尺、4.5公尺、6公尺等高度，挑高越高，作出的感覺越開敞舒適，可消除小坪數空間的壓迫感。但在高處換修燈具、空調設備、清潔維護上會增加較多難度。

理想美屋評估3大招

多看多比較，才能全盤瞭解住宅整體的品質是否符合你的期待。在瞭解住宅型式之後，選房子別倉促決定，一定要預先花一段時間觀察，

{ 第1招 }

增值區位睜大眼仔細挑

購屋前一定要想清楚自己對居住場所的理想，比方考慮生活機能、交通便利性、民生消費等問題，才能找到與自己最速配的房子。根據房地產銷售的經驗顯示，座落在「精華商圈」、「學區附近」、「捷運站周邊」、「景觀區」、「坪數紮實老公寓」的住宅最熱賣，不僅增值潛力大，也擁有保值效果。

最優質的5大熱銷地段如下：

1.商業精華區

位居繁榮商圈、辦公區附近，商業服務和生活機能方便，地價和房價的增值潛力高。

2.舊公寓社區

實際坪數較大，轉手容易賣得好價錢。然而無電梯的老舊式公寓，對於有幼兒及長者的家庭，比較不具便利性，因此低樓層反而較高樓層容易賣出。

3.捷運站周邊

交通便利，附近商店也多，符合「上班族」每日通勤及民生消費的需求，租、售都吃香。

4.文教學區

學區人文氣息濃厚、文化設施較多。許多父母考慮子女學區問題而購屋；投資客也可利用大專院校學區附近來投資套房，出租房間賺取租金。

5.景觀住宅

風景優美的景觀住宅，為新興熱賣的住宅類型之一，這類住宅較適合開車族、養老族選購。

□ 延伸資訊

中小住宅熱賣版塊TOP5

＊台北市──都市中心套房熱
台北市的外來工作者、求學人口、外着人士、單身人口比例高，因此套房和中小坪數空間的租賃相對需求也高。凡是精華商業區或學區附近，總有許多套房和小住宅案，其中，又以大安區（如師範大學周邊）、中山區（中山北路、林森北路一帶）、公館（台大學區附近）等地區交易最為活絡。

＊台北縣──捷運周邊最集中
台北縣腹地大、人口稠密，房價比台北市低廉好幾成，不管是套房，或是中大坪數的住宅，銷售反應都很熱烈，出租比例甚高，尤其位於捷運站周邊的住宅，比較不受景氣波動而跌價。

＊桃園地區──學生套房多
桃園縣市由於房價不高，購屋比例普遍比租屋高，購買當地住宅可以考慮中大型坪數的格局。唯桃園市區有不少提供上班族或學生居住的套房，可作為出租投資用。

＊新竹縣市科學城──投資型套房吃香
新竹房市最熱的區域屬新竹市和竹北市，房地產價格因新竹科學園區加持而扶搖直上。套房和中小坪數住宅多為外地工作者所租購，尤其靠近大型研究機關、園區和大學附近居多，而風景優美的香山、青草湖地區，則有休閒套房和別墅區；位於六家高鐵特區的套房及中小坪數住宅，也因高鐵而水漲船高。

＊宜蘭縣和其他風景郊區──休閒住宅受青睞
近幾年興起鄉村田園夢和退休養老風潮，「在郊區建立第二個住家」形成一股熱潮，偏遠的風景區成了市場矚目的新寵。風光明媚的宜蘭，因為雪山隧道的開通，讓台北到宜蘭、西岸到東岸的車程大幅縮短，連帶其他擁有美景和休閒資源的郊區房市也跟著崛起，親近自然的時尚住宅，甚至影響都市住宅的設計風格。

便利商店是重要的生活機能之一。

{ 第2招 }
生活機能、社區環境仔細評估慎重選

住宅除了考量保值、增值的潛力，對於生活品質也要嚴格篩選，再評估居住區的內外條件：

1.生活機能評估

　　都會型的套房和中小坪數住宅，最重要的是交通便利與生活機能；休閒景觀住宅雖不一定要有便捷的生活機能，卻必須具有優美的景觀，如面對山景、水景、永久綠地等。

2.社區內外環境評估

　　住宅座落的社區環境和社區內部的設施規劃，對生活有很大的影響，可以考慮以下重點：社區外環境是否有便利商店、超級市場、銀行、郵局等服務機能？是否有危險性的營業場所？出入份子是否複雜等；社區內部則可評估住戶數量是否太多？有電梯嗎？停車方便嗎？鄰居素質如何？戶外空間和公共設施是否如廣告上確實？保全管理是否優良等。

● POINT 購屋小常識！

「低公設比」最划算

「公設比」是指建築總銷售面積中，公共設施所佔的比例多寡。

權狀上購得的「總面積坪數」=「住宅實際坪數」+「社區大樓每戶分攤的公共設施面積坪數」。

社區大樓要分攤的公共設施面積有花園、廣場、走道、停車位和車道等，公共設施越豐富，住戶要分攤的公設比例就越高。如果對於公共設施要求不高，購買「公設比較低」的住宅，所得的室內實際坪數較紮實划算。

(第3招)
「分時段」、「分季節」手腳勤探勘

看屋不要太相信第一印象，要各在早、中、晚3個時段及不同氣候，分別到「候選住宅」去看看，才能感受附近環境的變化。為求買得好屋，多花幾個月甚至一年的時間勘查篩選是很必要的。做個聰明謹慎的買屋人，才能享受好住宅帶來的舒適幸福。以下是一些重要的看屋重點：

1.一日三看勤比較

＊早晨：陽光是否充足、進出道路是否容易塞車等。

＊中午：會不會很熱、午後會不會有西曬問題等。

＊夜晚：大樓的電梯、水塔、停車場、馬達是否會發出噪音、附近有沒有特種營業或人潮複雜的問題等。

2.特殊天候必勘查

最熱和最冷的天氣是看屋最好的時候，這時去看看心目中的候選屋，才能評估哪一戶的品質真正禁得起考驗。

＊晴天：晴天的觀察重點在住宅是否容易受到西曬，尤其重要的室內空間（如客廳、主臥房）應避免西向；如果面向南方，整日的採光會較佳。

＊雨天：雨天是考驗住宅品質的關鍵。如果遇到一連多天下雨，更要不辭辛勞觀察房屋是否有滲水、漏水的現象，牆壁天花板是否出現潮濕斑塊？有沒有哪一個面向嚴重受到風雨拂襲？如果想買頂層屋，還要去看看屋頂是否排水順暢，會不會積水？如果有這些問題就要避免購買，避免往後維修的困擾。

＊夏季：在氣候溫和的春秋季節，比較不容易感受到住宅的好壞之差，選夏天、冬天去看屋，比較能評估出住宅的品質良窳。例如夏天時，室內是否通風涼爽？原本有西曬問題的房屋，遇到夏季是否情況更嚴重？

＊冬季：冬季要看的重點是，房屋有沒有哪一面向會受到冷冽季風吹襲直灌。如果鄰近高樓有「風巷」，還會使風聲加劇形成噪音問題。

室內通風涼爽是看屋重點之一。

雨天是看房子的好時機。

住宅內部10項總體檢

新建大樓和老房子的評估標準不同，但有些是共同要考慮的事項：如住宅內部實際使用的坪數是否足夠？格間方式是否理想？採光和通風良好嗎？隔間方正嗎？前一位屋主或房客搬走的原因是什麼？種種細節都需要講究，以下整理出10大要點，透過這些標準篩選出來的住宅，即使坪數不大，也會擁有明亮、通風、四季怡人的優質條件！

1 坐北朝南方位佳

一般來說，「坐北朝南」的房子最受青睞（方位略偏也無妨），因為「坐北朝南」能擁有白天明亮的陽光，在採光和住宅衛生上佔有優勢，而且這種方位的住宅大多可避免季節風雨的正面襲擊。不過，也要考慮對鄰近建築物造成的影響，一個原本坐北朝南的建築物，可能因為鄰近建築的遮擋而失去原有的優質。最有效的做法是直接走進屋子去感受實際的居住狀況。

住宅方位應符合的最低標準是：白天室內不要陰暗無光，窗面較大的空間如客廳、主臥房、小孩房不要朝向西面，以防夏日西曬烘熱。

● POINT
省錢看這裡

坐北朝南的好處
*採光充足且時間長，裝修時可以精簡燈光設備，往後也可省下不必要的電費消耗。
*不用特別花錢作西曬隔熱處理，冷氣空調費用也會減少。
*季節風雨的損害機會降低，不用特別裝設風雨窗等措施。
*室內的建材和裝修壽命會延長。

2　格局方正通風好

　　住宅室內空間無論坪數多小，最好都能擁有良好的格局：空間方正、室內無太多樑柱、通風良好。整棟建築物平面和立面形狀為正方或略長方形，在結構形式上比較穩固耐震，而單戶住宅格局方正無歪扭，可以使視覺和心靈較平穩，裝修上也比較好發揮。

省錢看這裡　● POINT

格局方正的好處

* 不用敲牆重作隔間，省下大筆泥作與水電費用。
* 少了穿樑立柱問題的住宅，可以免除遮擋樑柱的修飾封板費。
* 通風良好，可減少空調設備的花費及電費。

3　附帶裝修與家具

　　有些住宅為求賣相吸引人，建商或投資者會先做裝修、附上家具或冷氣、電視等家電設備，若裝修風格和家具家電都能符合你的喜好，反應在總價上增加的幅度也還算合理，就可納入考慮購買候選標的。如果對於其中有些家具或家電不滿意，可以與賣方協商請賣方搬走，並在房價中適度扣除折抵費用。不過值得注意的是，已經裝潢好的住宅，可能隱藏著一些建築缺陷，比方隔間夾板後隱藏著壁癌、穿樑立柱、水泥剝落等嚴重問題，這就會造成安全上的顧慮。

省錢看這裡　● POINT

已附裝修家具的好處

* 不用再花錢買家具或重新裝修，省時省力，可與房屋總價一起議價折扣。

4 室內淨高恰恰好

室內樓層高度是空間感的重要關鍵，尤其坪數較小的住宅若能擁有充分的高度，感覺上會更開敞舒適。這裡所說的高度尺寸，是指室內的「淨高」，也就是在室內拿捲尺測量天花板到地板之間的距離。在建築立面圖面上標示的樓層高度通常包含了樓板厚度，扣掉約12至15公分就是室內淨高了（公式換算：建築樓層高度－12至15公分樓地板厚度＝室內淨高）。室內淨高最低要求在290公分以上，才不會顯得有壓迫感。

● POINT 省錢看這裡

室內淨高充足的好處
＊可免除為了改善壓迫感，而在裝修或家具尺寸上所做的額外花費。

5 每間房間都開窗

住宅最好每一個空間都有窗戶，尤其在客廳、臥房一定要有窗，這樣空氣的對流和採光才會比較好。窗戶大小、分扇開啓的方式是否會妨礙家具擺設等，是要注意的兩個事項。

餐廳及浴廁對於住宅內的氣息和衛生品質影響很大，但是多數住宅的這兩處空間鮮少有機會可以開窗，多是依賴抽風機，作用不大而且耗電。如果餐廳可以和客廳適度結合，就可以增加通風性；浴室能打個高窗，則有利於污濁空氣排出，讓整個住家變得比較乾爽，油漆、壁紙、建材也比較不會有受潮、剝落問題。

● POINT 省錢看這裡

通風良好的好處
＊購買的住宅如果有適當的窗戶，可免除自行挖鑿、修改的工程費用。
＊自然通風良好，可以少用空調設備，進而節省電費。
＊居家通風乾爽，可以延長建材的使用壽命，避免發霉、起翹、剝落等情形。

6 實牆隔間最穩固

　　整棟建築物的外圈牆壁多為主要結構，而電梯間也是重要的「結構核」，如果你的住宅剛好鄰近這些重要結構牆，裝修時要避免敲打、變更。非主結構的其他隔間牆壁，則多為磚牆所砌，可適度作敲除或變更。

　　有些租賃住宅或是前屋主裝修過的住宅，可能有木板隔間或裝飾牆的情形出現，這時不妨用手敲敲看、聽聽看，感受是實牆還是木板牆。木板隔間有輕薄、不牢靠、隔音差的問題，比較適合用來作為遮擋橫樑、修飾柱子和非臥房隔間，一般隔間還是以水泥實牆最為穩當。

● POINT 省錢看這裡

實牆隔間的好處

＊挑選既有格局隔間，可以省下大筆變更隔間的費用。
＊不變動隔間，可以免除敲挖時，牆壁內埋管線破裂損壞的問題，免除修補費和日後滲漏的風險。

7 線路設備要齊全

　　別忘了檢查房子的各種設備是否齊全，最基本的配備如廚具、天然瓦斯、衛浴設備、對講機、消防感應等絕不可少。而電路管線不但不可缺少，也要有充足的數量及預留處。基本設備缺損要找賣方負責補齊，否則每項動輒數千上萬，到時平白花費金錢不值得。

● POINT 省錢看這裡

設備齊全的好處

＊電線、瓦斯、通訊線路等方面如有問題，往往要敲牆挖壁，花費頗高。
＊房間的插座數量、電視和電話線路，事前都要檢查清楚，越齊備的設施越可減少裝修工程上的額外花費。

建材美觀好保養

　　無論是新成房或二手屋，如果本身採用美觀、耐用以及方便清潔整理的建材，如石英磚、馬賽克、釉面磚等，交屋後可以免去重新敲挖、鋪設新建材的泥作工程，所以應盡量挑選建材接近自己理想樣式的住宅，像是喜歡復古樣式的建材，就多看看舊社區屋宅；喜歡時尚流行的建材，則多參考新興住宅案或重新裝修的中古屋。在購買後，只需局部略作小工程，就可以達到滿意的效果。

● POINT
省錢看這裡

建材符合需求的好處

* 建材符合需求可以節省工資和建材費雙重成本，還可以免除清運廢建材的車資。

明管預留修繕口

　　瓦斯、水管、電線等管路設備，通常隱藏在結構體內，一旦破裂損壞，往往很難查出何處發生問題，修繕上很困難。近年有些新建築已仿效日本普遍的「明管施工」做法，也就是把管路露出，以方便日後維修和更換。如考慮美觀問題，可運用夾板作天花板、假牆或採布簾、活動櫃等簡易方式來美化修繕口。

● POINT
省錢看這裡

明管和預留修繕口的好處

* 管線發生故障時很容易就發現問題點，不用敲牆挖壁，省工又省錢，建築結構安全也比較有保障。

10

鄰居素質先打聽

舊社區住宅鄰居通常已居住多年,多數左鄰右舍的風評很容易可以打聽得到。新社區則可以向仲介商詢問其他買主的背景,作大概的推論。

擁有好鄰居的好處

＊有作息正常、公德心良好的鄰居,生活清靜是最大的好處,結構上也會比較安全,不用考慮減少噪音和震動的處理方式和花費。

□ 延伸資訊
SOS！舊公寓多久換管線？

基於安全和衛生考量,建築物每15至20年管線就應該更新1次,所以購屋遇到屋齡有15年以上,要主動詢問賣方是否在近年更換過新管線。如果從未換新,就必須在裝修工程前先更換新管線,由於這項工程費用頗高,可和賣方協商是否負擔此費用(或是部分負擔),也可利用此問題點來殺低總價。

PART 1.

買屋成交10大守則

以下10大住宅檢驗重點必須特別確認：在交屋的最後關卡，買方對於房屋的條件和自己的權益要非常清楚，

選擇信用良好的建設公司所興建的住宅。

1 產權一定要清楚

購買房屋，「產權確認」是很重要的一項。主動要求建設公司（或仲介商）提出地政機關出具的土地及房屋謄本，查閱產權範圍以及合法性。如果賣方委辭推託沒有具體的證明文件，則要抱持懷疑態度，可以自行到地政機關申請查詢，勿輕信片面之詞。在不確定之前先別付訂金，以免發現問題後，要不回訂金而平白損失。

2 注意二次施工陷阱

「二次施工」就是指建商取得合法建築物使用執照後，再違法將一部分建築面積改變用途，如把平台、戶外綠地、停車位或陽台等空間，變成室內房間的一部分，或改變當初申請核准的使用用途，有些賣方會藉此對看屋者誇大房屋價值，虛報產權和坪數。

特別注意賣方所說「使用坪數」所隱藏的陷阱：「使用坪數」不等於「合法產權」，「銷售平面圖」也有可能過度美化而不真實，需小心求證。最好要求建商提供當初向政府申請使用執照通過的「建築圖」來判斷是否有動過手腳。

發現有問題時，立即要求建商或賣方復原（恢復合法產權），或是寧可不買，即使賣方因此願意便宜出售，買方也要考慮日後若遭檢舉，所造成生活和金錢上的損失。

3 輻射屋和海砂屋檢測證明

使用輻射鋼筋或海砂建造房屋，不僅會影響居住安全、生活品質，還會危及身體健康，除了選擇信用良好、無不良前科的建設公司所興建的住宅，要再進一步要

求建商提出「輻射屋和海砂屋的檢測證書」，確認是否檢測合格。在交屋合約裡，更必須載明「建商對此事項提供書面保證」的條款，並註明違約賠償的具體方式。

4 空間坪數要確實

坪數多寡和購屋經費成正比，所以交屋前，一定要親自再做一次空間尺寸的檢查。確認的方式很簡單，帶著捲尺（可以延伸至5m以上長度的捲尺）到住宅現場，挑幾處牆面作抽樣丈量，比對建築圖上所標示的尺寸是否相符。

如果想要精確丈量，可以把每個房間的長寬尺寸丈量出後相乘即為面積，再把每個空間的面積相加，就可算出該戶住宅一共有多少平方公尺，再乘於 0.3025，就可以換算成坪數。

5 公共設施與車位空間分攤複查

社區的公共空間面積包含很多項目，且區塊形狀變化多，不容易自己用丈量方式求出精確面積。可以要求建方提出計算和分攤的計算式，然後評估是否合理。注意有些不肖建商會利用非法的「二次施工」，把原本計畫作為戶外空地或停車位的空間變成室內設施，或作為一個可額外銷售的住宅項目。也有些建商會將原本屬於公共的庭園，私下約定歸給1樓住戶使用，並變相增加1樓的房價，事實上這些庭園坪數仍由其他住戶一起分攤付費，建方等於雙重收費，涉及違法詐欺。

車位空間的房價分攤方式要格外注意。

購買前態度需堅持，要求建商（或仲介商）提出公共設施、停

有些空間坪數包含停車位的面積。

車位、車道、停車場入口、戶外平台等空間的分攤計算方式，確認合理無誤，才能簽訂買賣契約的「分管契約書」。

成交前要確認消防設備是否合乎標準。

6 水電設備裝置費用分攤確認

交屋前，水電基礎設備都需裝設完成，並且已可以運作使用。自來水公司、電力公司、瓦斯公司和電信公司等相關單位都會收取裝置管路的費用，這些費用多由仲介商代收繳納，應有收取憑證和繳費收據，社區大樓共同管路設施的費用，也應有條文載明分攤計算的方式，可請賣方或仲介商一一提供核對。

7 消防設備與逃生線路

社區和住宅內部的消防設備是否可正常運作、逃生升降設備是否牢固安全、警報系統的測試確認、逃生通道是否暢通、逃生門開啟方式設計是否正確等，都應該要嚴格檢查，如有疏失缺損，必須要求建商立即補齊改善，入住後的後續品質保固，可由社區管理委員會找相關專業機構定期檢測維護。

8 各項結構、機電、管線測試

對於公共區域以及自己住宅之結構體，都要仔細觀察，如牆壁、樑柱、樓板不可彎曲和有裂縫；設施、設備、管線要求賣方先做測試，以達到運作正常、安全無虞的標準。各處排水管、馬桶排水也要順暢無受阻，並注意管路接頭處和管體不可

仔細確認房屋條件，才能買到理想住宅。

有漏水現象；室內天花板、牆面不可有滲水潮濕或發生壁癌現象，若有任何疑慮，都應要求建商作解釋和改善修復。

9 交屋日期、保固內容、付款方式
房屋結構與各項設備的保固事項與期限，應有書面合約載明作保障。

　　購屋付款通常分成「頭期款訂金」、「交屋金」、「貸款」3大部分，預售屋在住宅興建等候期，可作分期繳納，建商應提供明確的繳款表單，標示清楚每次應給付的金額和日期。

　　交屋日期和付款方式也要詢問清楚，一定要在合約中確定交屋日期，並約定逾時未完工的賠償條件，以免計畫好的交屋時間被拖延。

10 房屋權狀文件逐一核對
購買房屋會有許多合約與證明文件，最好準備一個專用的資料袋集中收納，最主要的文件包括「土地所有權狀正本」、「建築物所有權狀正本」、「使用執照」（單地獨棟為正本、大樓社區為影印本）、「保固證明書」、「鋼筋無輻射污染保證書」、「非海砂屋保證書」，以及房屋大門和各室鎖匙等。逐一確認核對，才能安心交屋。搬入後，最好重配新鎖，若為密碼鎖則記得變更密碼，以確保居家財產安全。

　　當以上10大檢測項目都過關，房屋產權移轉登記於你的名下時，夢想已實現了大半，接下來就可以依照自己的期望來進行設計裝修了。

住宅附近若有公園，能為房屋加分不少。

PART 2.

8種裝修個案，
毫不保留大剖析

本單元介紹的實際案例，囊括時下各種最具代表性的住宅典型，在居家風格上有不敗的溫馨路線，也有時尚又實用的簡約風、民俗風、奢華風、自然雜貨風等手法呈現。因應不同住宅既有條件及裝修的經費預算，案例中也包括新屋裝潢、老屋翻修、新舊混搭、自己手工DIY布置等多元手法。

從整體格局的技巧、家具設備的配搭、細部設計的貼心、超厲害的隱藏收納、個性化的裝飾布置……，處處都有值得參考學習的地方，尤其還有許多節省荷包的省錢裝修秘訣，可汲取這些個案的經驗和技巧，打造屬於自己的幸福天地。

● 摩登小套房 & 大套房 ●
素淨一室白，個性單身小屋

{ 我的幸福 }
Data

座落區位：
位於台北市三元街，
獨棟老公寓。

住宅坪數：
約12坪。

原屋情況 & 裝修診斷：
屋齡已有三十多年，
由於為租屋，僅請建
材廠商直接鋪設塑膠
木地皮、換裝房間門
板等少量小工程，施
作工程指數約5%。

規劃後格局：
1房1廳1衛（包括：
客廳、廚房、臥房、
浴室）

裝修費用：
約4萬（不含家具家
電）。

裝修手法

少量的
專業師傅協助
＋
95%自己DIY布置

本案多由屋主自己
親手布置，只有在鋪
貼木地皮和改換臥房
門板時請專業師傅
協助施工，
工程量非常少，
這是租屋族適當的
裝修布置方式。

格調一致的純白沙發，
讓空間清新舒爽。

Living Room

手工打造　純白清爽個性小窩

多數租屋族認為房子不是自己的就不加
以布置，因此生活在沒有美感和失去個性的
小窩裡，如果您也是如此，不妨參考本案屋
主積極掌握幸福的決心。

本案除了工程性較高的門板修改找專業
師傅來協助，其他住宅內外全由自己手工打
造。由於住宅為長條型，1房1廳的格局僅能
靠兩端窄面採光，所以如何避免室內的陰暗
感，使中間這段空間亮活起來，成了很大挑
戰：白色、淺色系是首選，屋主在客廳選擇
大量白色素布作為窗簾和門簾，在夏天顯得
清爽舒適，空間感也顯得比較寬敞。

小物點綴 打造高質感空間

　　臥房原本是簡陋的木夾板門，經過挖空填裝毛玻璃的巧妙改造，再把門框刷白、點綴上植物裝飾，變得透光又特別。房裡的燈具和懶骨頭沙發都是便宜的特價品，角落臥鋪區顯得私密好入睡，把睡眠前的時光，經營成一段高質感的享受。

　　為了追求理想中的木地板效果，廚房浴室外都鋪設仿木地皮，比起耐磨地板或實木地板，價格更低廉，是預算不足仍有變通的彈性方式。

 省錢裝修&布置訣竅

1.免費的設計靈感來源

　　多翻閱流行時尚和裝修布置相關的書籍雜誌，既可提昇個人美感品味，又可免費獲得裝修的靈感和許多DIY的布置手法。

2.便宜材料作用相同

　　到水電材料行買PVC塑膠管當桿子，再加以粗繩固定，只花費20～30元就可完成一組窗簾桿子，掛上窗簾布能遮擋大部分的管子，塑膠管較不美觀的問題就解決了。

3.便宜好用的塑膠仿木地皮

　　仿木紋塑膠地皮做得很像實木地板，不但十分逼真，觸感也做得出來，本案選用暖灰色地皮，更顯得氣質別具，實木地板反而較少有此色感。一坪下來連工帶料才800元左右，如果用實木地板一坪通常3500元起跳。

4.善用常青植物&乾燥花材

　　植物能帶來視覺上的舒服感，也能淨化空氣。運用壽命較長的「常綠室內植物」，可以免除四季更換盆栽的金錢耗費。美觀的乾燥花材，也是歷久彌新的自然布置素材。

設計別緻的燭台，
讓小角落
也變得詩意起來。

簡單的花瓶，就能讓
空間亮活起來。

空間特色加分術

1.顏色會說話

本案室內大量使用白色棉布，家具、窗簾、布簾、地坪也多選用淺白色系，在坪數不大的住宅空間，此做法能顯出比實際空間寬敞舒適的效果，也可以襯托出其他顏色的家飾特色。

2.巧手布置專屬小客廳

方正小巧的客廳，是屋主每天聆賞音樂的美聲享受空間。他在入口大門關上後，加裝一層棉布，使室內牆面都符合白色的統一感，此道布簾也能減少音樂受到金屬門面反射而影響音效的問題。

3.情境燭台浪漫風

燭台是近年很流行的居家布置元素，在網路上交流二手燭台，花點小錢就能變化居家的情調。

4.特殊擺設凸顯不凡品味

卵石狀面紙盒、電子琴上飄著音符的裝飾、透明容器與纖細乾燥植物的不經意搭配，讓空間更顯雅致。有時甚至只需幾張好看的CD封面和海報，也能輕鬆帶出空間格調與氛圍。

5.鏈條掛衣個性十足

掛衣設施粗獷有型，幾串鏈條既能把牆面帶出個性，又具有勾掛衣架的實用功能，在居家五金賣場就能購得這樣的金屬鏈條，款式有很多變化。

DUKE ELLINGTON
BENNY GOODMAN

DOWNBEAT · NYC · 1949
THE HERMAN LEONARD COLLECTION

Bed Room

CD收藏品也可以當作室內的優雅裝飾。

運用五金行的便宜鐵鍊設計的個性掛勾。

延伸資訊
租屋族與房東的聰明「對智」

房子若是用租的,經常會受到房東的限制而不敢放心裝修,有兩項協商的權益重點可以把握:

1.在「房租價碼談定後」,再與房東協商是否可以進行輕度的裝修布置(房租談定再談裝修,可以避免房東因怕損壞而拉高租金),而且要要求房東承諾:當承租者搬遷時無需還原住宅本來面貌,也不需負擔任何變更賠償的費用。彼此約定好的事項都要清楚地在租賃契約中載明。

2.若在租屋中進行裝修布置,盡量以活動式家具、方便漆回原色的油漆面、無痕掛勾等輕量裝修布置為主,如果裝修都是固定式的,搬遷不易,當房東發現而提高租金時,會造成租客進退兩難的窘境。

□ 建材&空間聰明Tips

1.毛玻璃門扇透光不透明

門扇原本是簡陋的木門,屋主請玻璃行師傅保留門框,切除內部的門板部分,鑲嵌進毛玻璃片,不但美化了空間,臥房也因此能透進走道光源的亮光,不再是低品質的暗房。

2.泡綿當收邊隔音條

利用泡綿條封住門框,可以防撞、防噪音、防氣味或油煙滲透,市面上有各種規格的尺寸及價錢,可以仔細比較。

3.天花板和沙發椅巧變貯藏空間

本住宅天花板為輕鋼架式,可以一片片掀開,屋主利用此處收放一些體輕的雜物,使室內變得清爽,另一扇緊鄰鄰房的側牆窗戶因為毫無隱私和視野可言,於是利用其外伸30公分左右的鐵窗空間來作貯藏空間(如果該窗戶面對巷道則會影響市容觀瞻,則不宜用此法。)較重的雜物則利用沙發椅下、床板下的空間來收納,這樣東藏西放的收納手法,省下購買或釘製貯藏櫃的費用,空間也變得整潔俐落。

● 摩登小套房 & 大套房 ●

現成裝修套房，
提著行李輕鬆搬新家

{我的幸福}
Data

座落區位：
位於台北市信安街，
公寓住宅區裡的小套
房。

住宅坪數：
約10坪。

原屋情況&裝修診斷：
原本套房已經裝修好
約一年，新屋主滿意
購置，並無再自行裝
修，工程指數0%。

規劃後格局：
1房1廳1衛（包括：
客廳、簡易廚房和工
作區、主臥房、浴
室）

裝修費用：
已含在買屋總價裡，
無額外支出。

裝修手法

**接收既有裝修 +
少量佈置DIY**

以書籍、CD、
電視機、掛衣勾、
房門遮簾、小盆栽等
很少量的簡單
佈置品作小裝修。

以不透光的門窗巧妙
區隔出私人空間。

Living
Room

方正格局 空間機能好區隔

　　滿意既有的裝修與格局，無需再作任何
的裝修工程，這是買屋時很幸運的際遇！本
案套房10坪左右，購買前室內都已裝修完
成，新搬入的屋主為一對年輕夫妻，女主人
從事電台廣播工作，男主人是一位木作設計
師，由於他們能接受前屋主中國風的裝修風
格和室內機能的配置，所以連同家具、家電
都一併買下。

　　套房本身格局方正，規劃出客廳、臥
房、浴室三大空間。客廳近開窗處以固定式

玻璃屏風做分界，又創造出一帶狀的工作平台，然後精密地利用每一吋空間來安置流理台、收納櫃和洗衣機，空出來的一小段檯面就成了吧台式的電腦工作區。

茶几床鋪 都是收納櫃

臥房由於尺寸小，擺上雙人床和走道幾無剩餘空間，前屋主利用窗台外推空間設計成衣櫃，另一面開窗處維持上半部通風窗的功能，窗台花槽處加上可掀式的鋁蓋板，也巧妙創造出一處可以收納生活雜貨的貯藏空間。

空間坪數小的住宅，可多利用牆面凹入畸零的角落來作收納，另外天花板上的空間、家具內部空間如沙發底下，甚至連床鋪底下空間等都是巧妙的收納處，能讓套房麻雀雖小，五臟俱全。

運用一小段剩餘檯面，所設計成的吧台式電腦工作區。

➤ 省錢裝修&布置訣竅 ←

1.裝修滿意，總價合理才購買

買二手房屋，多半都含有前屋主的裝修和布置，即使是新建的小套房，有些賣方為了讓賣相加分，也可能略作裝修後才出售。如果能遇到剛好很滿意的裝修風格，可概估裝修費用沒有「過度灌水」於銷售總價後，再考慮購買。若對既有裝修不喜歡，應和賣方協商是否可折抵部分購屋費。

2.挑揀所需，其餘請賣方清運

即使是可移動的家具、家電和擺設品，清運起來也是費力費事又花運費，最好的做法是從賣方所留物件中篩選出自己喜歡的再利用，其餘不要的請賣方負責搬走。

3.運用家具與小空間收納

小套房宜多利用有收納功能的家具以及空間中的凹槽處來作收納，如本案客廳的茶几就是一口可以打開收納雜貨的古董樟木

□ 延伸資訊

技巧收納，避免落入違章法

在作收納用時要注意技巧性，若改建成封閉式實牆，便成完全室內之用，就屬變更設計，可能就會涉及違章法。

避免居家附近有「鄰避性建築設施」

居家附近有加油站、瓦斯店或爆竹工廠，容易有人身安全顧慮；若有醫院、消防隊、警察局則可能經常聽到勤務往來警報聲；太接近環保清潔隊、垃圾掩埋處理場、資源回收場則有環境衛生的疑慮；鄰近高壓電塔、通訊基地發射台、變電場則可能對健康造成影響，這些鄰避性建築可能造成視覺、心理、環境衛生、噪音等各種衝擊。

箱、沙發底座有三個抽屜也可以作收納、主臥房的床鋪底下利用油壓升起床墊，可以放置較少使用的書籍或換季衣被，主臥房的衣櫥位置原本是窗台，前屋主利用裝修技巧把整個台度切開後改成衣櫥，主臥房另一側的窗台也動過手腳，窗台花槽加上可以掀開的蓋子就成了容積頗大的收納空間。

4. 全戶嵌燈換省電燈泡：

住家空間所有的照明都用嵌燈，可以減少燈具垂吊的壓迫感，也節省了購置燈具的費用。但是記得更換省電的燈泡，往後可更節省電費。

窗台花槽、茶几及床底加上可以
掀開的蓋子，就成了容積頗大的
收納空間。

以固定式玻璃屏風做分界，定
出一帶狀的多元化工作平台。

□ 建材&空間聰明Tips

1.雕刻玻璃

本住宅裝修中，在浴室拉門、客廳與流理
台工作區之間都使用了雕刻玻璃，此種玻
璃材質具有不透明的隔絕效果，但能透
光，且具有獨特的美感與質感，運用在面
積較小的空間作隔間，可有效降低封閉
感。

2.鏤空窗花

窗花多為木雕刻，有古董品也有現代仿製
品，除了具有中國古典之美，還具有視覺
上的半遮擋效果，可以透光，且比玻璃隔
間多了「可通風」的效果。

如果需要隱密性較高的空間，隔間卻有鏤
空的窗花，可以在窗花背面加上一層霧面
玻璃或鏡面，即可解決此問題。

3.隔音氣密窗

本案屋主在搬入後才注意到居家附近有醫
院，產生噪音問題，於是把臨近街道的主
臥房窗戶換裝成氣密窗，隔音效果立即大
幅改善。

□ 空間特色加分術

1.找出裝修的風格主題

小空間在美感風格上宜盡量呈現
如印度風、禪風、鄉村風、現代
風等「單一」主題風格，如本案
的中國古典風，在客廳和工作區
之間、浴室拉門處都採用雕有中
國古文字形的雕花玻璃，客廳和
主臥房隔間牆的大片木雕窗花也
很顯眼，加上客廳的古董樟木
箱，塑造出主題的意境。其他沙
發椅、地毯、門簾、家電等配件
可以自由搭配，不至於造成太大
的視覺混亂問題。

2.運用抱枕地毯等織品

布料和地毯等織品類傢飾，因為
線條、顏色、觸感的變化多，可
以強烈地帶給居家溫馨的質感，
也是建立個性化的鮮明元素，在
挑選上要能搭配室內設計訂定的
主題風格。

● 溫馨2房小住宅&夾層屋 ●

租屋玩布置，異國風情玩手作

{ 我的幸福 }
Data

座落區位：
位於台北市福德街，
老社區建築。

住宅坪數：
約15坪。

原屋情況&裝修診斷：
建築物屋齡已有三十
多年，並未作任何工
程性的裝修。

規劃後格局：
2房1廳1衛（包含：
客廳、廚房、臥房、
更衣室、浴室、陽
台）

裝修費用：
無裝修工程，初期費
用0。

裝修手法

100%DIY手工布置
＋
沿用部分舊家具
＋
蒐集添購布置品

本案為租屋，
屋主未作任何
裝修工程，
完全保留房屋隔間和
建材既有條件，
其他由自己
手工布置。

盈滿印度風味的
特色房間。

Bed Room

中國風情混入現代調調

　　單身居住的年輕女屋主，從事女性時尚
雜誌編輯工作，因為室友出國留學，所以把
她的房間改為自己的更衣室和貯藏間，臥房
得以整理得更清爽。

　　比起房間瀰漫著濃濃的印度風，客廳顯
得明亮寬敞，風格截然不同，多的是現代化
的工業產物和流行的飾品玩意。不過在豐富
的裝飾品點綴之下，卻還保留屋主心之所繫
的中國古典情懷，三十多年的老屋，地坪不
但保留老房子原有的欅木拼花樣式，窗簾布
也是特別從永樂市場挑選的「老花樣」，還

有鮮紅中國風的大花摺疊椅、從老家父母那兒挖來的老式電話、木製小壁櫃，處處都感覺屋主偏愛老東西的情結。王家衛電影裡濃濃的懷舊氣息，是屋主營造自己住屋情調的學習範例。

一房三用 坪效充分發揮

客廳鑄鐵的床架既當沙發用，也能讓常來的弟弟安穩得當臥舖，別出心裁的家具兩用法，省空間也省經費；利用客廳一隅舊有的和式桌擺放電腦，這裡就是加班寫稿的小窩，朋友來訪，也方便使用電腦分享網路購物經驗。客廳兼客房又當工作室，坪效可說運用得淋漓盡致。

整個居家空間因為多國異文化的混搭，及多得數不清的裝飾雜貨，顯得視覺豐富，老房子擁有伯樂，而能繼續活出自己特有的價值，房租費比起新建住宅更省一些，是最實際的利多。

省錢裝修&布置訣竅

1. 自己的舊物和老家的寶物

舉凡自己珍藏的擺設品和小家具，父母老家年代久遠的電話、木製壁櫃、收納盒等，都是唾手可得，不用再花錢的布置品。

2. 廠商給的公關贈品

本屋客廳牆上的三幅小圖，是屋主在工作場合一位插畫家留下不用的手稿，加框再用碎布包邊裝飾，貼上畫作，就成了壁畫裝飾。

3. 網路購物議價

廣闊的網路購物世界，隨時可以優遊購買裝飾品，免出門花油錢，而且彈指之間就能輕鬆比價、議價，好處很多。

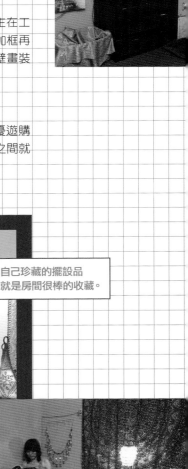

自己珍藏的擺設品
就是房間很棒的收藏。

Living Room

可愛的裝飾品將不起眼的
角落變得繽紛起來。

4.逛街隨機殺價法

西門町、永樂市場、東區商圈、家飾燈
具路邊攤等，匯集多樣化商品和中低價位的
消費管道，都是逛街蒐購布置品的地方，以
技巧的討價還價，多少都撿些便宜。而利用
特殊天候或時機也是一招，本案客廳的窗簾
布就是利用颱風天而且店家快打烊的傍晚，
趁機向老闆動之以情，殺價購得的。

5.朋友送禮先指定

新居落成時，親朋好友通常會送些祝賀
的禮物，如果是很熟的親友，不妨提前告訴
他們自己需要的家飾用品，這樣就可以免費
又準確的得到自己喜歡的布置品了。

6.親友當免費義工

為了省裝修費，可以找親友來幫忙，如
本案屋主的男友就是油漆時最佳義工。

□ 空間特色加分術

1.用遮簾代替門扇

質地輕盈的布簾,可增加視覺的穿透性,減少客廳和臥房的視覺封閉感,也使房間更能通風透氣,門簾樣式還可依照季節或心情、方便性作變化。

2.雙層牆面效果

由於陽台與鄰房相隔近,有視覺干擾問題,加上落地窗已有破損,屋主在窗面貼上自己剪貼的海報圖片,雖然看不到戶外景觀,卻多了一幅心情塗鴉板。

花一點巧思,素雅的天花板也能變美麗。

□ 建材&空間聰明Tips

1.顛覆家具使用方式

有許多家具家飾,其實不一定要按照傳統的使用方式,可以因應個人的需要和創意來作多元化的用途。如矮凳也可以當邊桌、臥床也能當沙發、餐桌也能兼工作桌、尺寸較大的窗台可以當早餐台。

2.燈光換色DIY

為了增添溫馨的居家氣氛,屋主將原本素白的客廳牆面漆成黃色,將原本發出蒼白光色的日光燈管,改換成便宜的黃光燈管,省去重買燈飾的費用,也讓室內的氣氛立即改善。

Case 4

3種裝修個案，毫不保留大剖析

● 溫馨2房小住宅&夾層屋 ●

挑高夾層屋，空間清爽盈滿綠意

{ 我的幸福 }
{ Data }

座落區位：
位於台北市木柵區，
社區公寓。

住宅坪數：
約19坪。

原屋情況&裝修診斷：
十多年的住宅，進行
全面建材改裝、釘製
天花板和收納櫃等設
施，工程指數60%。

規劃後格局：
2房2廳2衛（包括：
客廳、餐廳、廚房、
主臥房、更衣室、2間
浴室、陽台、夾層空
間。）

裝修費用：
約60萬（不含家
具）。

裝修手法

室內設計師設計
＋更換老舊管線
＋木地坪和廚櫃釘製
＋家具新舊互搭
＋屋主自行美化布置

由於希望全面改換
室內建材和
鋪設木地板，
屋主聘請室內設計師
進行規劃設計
與監工，家具家飾
部分沿用舊有設施，
部分則添購新品。

挑高夾層，不但讓住宅面積變大，
視野也更開闊了。

Living Room

樓層挑高 空間感更寬闊

　　本案裝修主題以木質、棕白色系為主，
以大地色、線條簡單的原則，與鄰近大自然
做和諧呼應。一來屋主本身偏好清爽的居家
訴求，二來因為屋主從事平面美術工作，動
腦費神之餘，只希望回家能好好放鬆，便買
下這間空間感寬敞，環境優雅的小住宅。

　　室內樓層高度挑高，視野變得更開闊，
空間也比實際坪數感覺更寬闊。夾層可做臥
舖，也可貯藏生活雜物，讓室內有上、下樓
層之分，空間感十足。

小盆栽點綴 自然感湧現

屋主購屋之初對於既有的建材並不喜歡，加上更換老舊管線，許多經費都花在基礎改造：鋪設木地坪、釘製天花板、重新粉刷油漆、敲除浴室磚面，住宅經整修後煥然一新。搭配上樣式古典、線條簡單的吊燈、雙人座的木質椅，以及幾把色質相近的單椅和椅凳，窗邊放上洋洋灑灑的鐵線蕨和小盆栽，舒適帶有自然風情的起居空間就幸福成形了。

運用大量的木質材料、盆栽，甚至養寵物，都是親近自然生活的好方法。連浴室的自然感也很講究，用木盆、木瓢接水，再採用大木桶來泡澡，窗邊簡單的釘上木片，修飾掉原本生硬的鋁製窗框，放上幾盆迷你植物，在綠意裡泡澡，情趣十足。

一定要買，房間的門板其實還有很多用處，釘上一排掛勾，就可以勾雨傘、掛背包、掛衣服，平時多半閒置的梯子，拿來當掛衣架或放些盆栽也很實用。

2.窗外借景

有景觀的房子，窗邊設計加倍重要，多規劃一些可以停留、休憩、賞玩的機能和休閒家具，不要浪費了大環境所提供的景觀資源。

3.免費的蔬菜盆栽

廚房不再是油膩膩的主婦工作間了，放一些乾淨的水栽植物，點綴一下耐得陰暗的室內植物，就是很有廚房園藝情趣的美化好幫手。

省錢裝修&布置訣竅

1.活用既有物，少買則省

收納櫃不一定要訂作很多，掛衣架也不

窗框擺幾盆綠意盎然的迷你植栽，就有大自然的氣息。

性質相近的棕色木質家具與大地色系裝潢，讓住家整體和諧不突兀。

用傳統木桶取代現代浴缸、古老木杓取代塑膠水瓢，就是充滿大自然氣息的特色浴室。

Bath Room

□ 空間特色加分術

1.挑高與夾層讓空間開闊
室內樓高較高的住宅，如挑高3.6公尺、4公尺甚至6公尺的空間，會比一般樓層高度的住宅來得開敞，如果還能利用挑高的高度作夾層空間，可以增加使用的面積和坪效。如本案夾層面積雖然不小，但高度不足，需彎腰才能進入，因此僅適合做臨時的臥舖和貯物之用。

2.色質相近的木質家具
坪數較小的空間，可以選擇「質感相同」且「顏色相似」的家具，免於視覺凌亂的問題。本案住宅以棕色木質家具搭配白色椅墊、白色牆面，連貝殼簾也挑選帶有棕、白兩色的搭配，讓住家整體特色更和諧。

3.窗邊綠意引入自然
運用窗框加寬製造出小空間，擺幾盆綠意盎然的迷你植栽，就能感受到與陽光、風雨對話的情趣了。

4.特殊家具凸顯風格
屋主採用木桶泡澡、木杓取代塑膠水瓢、以木框取代鋁窗框，浴室氣氛就和一般成屋的浴室風格很不同。希望住家特別，就要以獨到眼光來挑選布置素材。

5.鏡子的妙用
鏡子有意想不到的視覺效果，它能反射景物，使空間感變深，氣氛也變得活潑起來。

□ 建材&空間聰明Tips

1.鞋櫃下的實用小凹槽

鞋櫃底部與地面之間留下一段距離（約20～30
公分高），方便放置鞋子或室內拖鞋，且透氣性
較佳，鞋子藏進凹槽空間不會影響動線和美觀，
非常實用。在凹槽加上間接光源，不但能增加玄
關氣氛，還能當夜燈用。

2.客餐廳併用放大玄關

家庭成員較少的住家，可以考量生活習慣，把客
廳和餐廳結合，如客廳茶几兼當餐桌，省下更多
空間，讓家裡顯得更寬敞。

3.牆板式多用途檯面

坪數小的房間，如果希望做出大方的設計感，要
盡量減少家具數量，以單片木板鎖在牆面或窗邊
當工作桌，書寫、熨衣、工作或擺盆栽都很方
便，層板底下空間還可以彈性地收納雜物或做休
息臥舖。

釘一個窗邊工作桌，可以當書桌、
熨衣或擺盆栽。

Case 5

● 溫馨2房小住宅&夾層屋 ●

四平八穩，樸拙洗鍊裝修風

Living Room

{我的幸福}Data

座落區位：
位於台北市敦化南路，社區大樓住宅。

住宅坪數：
約25坪。

原屋情況&裝修診斷：
十多年社區，需更換管線和改變建材，裝修工程指數50%。

規劃後格局：
2房2廳2衛（包括：客廳、餐廳、廚房、主臥房、客房、浴室、陽台）

裝修費用：
約90萬（不含家具）。

裝修手法

100%DIY手工布置
＋
沿用部分舊家具
＋
蒐集添購布置品

本案為租屋，
屋主未作任何
裝修工程，
完全保留房屋隔間和
建材既有條件，
其他由自己
手工布置。

方正氣派的大門，
很有穩重感。

沈穩裝修手法 空間寬敞方正

個性保守或是年長者選用沈穩裝修手法的比例極高。本案住宅是2房2廳的格局，從客廳到臥房，每一個空間都隔得方正，是最好擺放家具的形式。客廳與餐廳連成一氣，顯得比實際尺寸寬敞。

餐廳位於廚房和浴室共用的牆側，放了6～8人共用的長餐桌，因為有主牆的依靠感，而降低了餐廳其實位於各房間出入通道上的窘境。市場上中小坪數的住宅，餐廳經常都是被犧牲的空間，位在各房間出入的動線上，如果很重視餐廳品質，購屋時對於此空間要特別注意。

訂製系統廚櫃可技巧地消除橫樑穿越的問題。主臥房利用樑下空間作了系統廚櫃，可容納大量的衣物和被褥，也技巧的消除了房間有樑穿越的視覺和風水問題。浴室乾濕分離，可減少水氣帶入房間與客廳。

視覺設計上最大的特色是牆面構圖，以不同顏色的木紋貼皮拼貼出一個圓滿的意象，餐廳主牆也是同樣手法，即使不再添加裝飾品也不至於顯得單調，對於不善於細部布置的人來說，不失為省事的裝修方式。

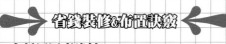

省錢裝修&布置訣竅

1.多採用國產建材

國產建材種類和花色日益增多，也逐漸出現許多與國外特殊建材相似的商品，價格上因為省運費和關稅，比較優惠，大面積使用時可以多考慮「國產平價建材」。

2.省電燈泡取代鹵素燈

全室內不用吸頂燈、吊燈，而採用間接照明，可以減少採購燈具的開銷，不過必須釘製天花板來鑲嵌燈泡座，會增加木作費用，可精確計算再決定。鹵素燈泡光色較為刺眼且費電，適合用在商業空間或居家玄關、櫥窗等局部位置，一般起居區採用「省電燈泡」和「日光燈管」，光線較柔和，且不會有聚熱問題。

3.以便宜材質做圖樣變化

如果想在地坪、天花板或是牆面上做特別的圖案裝飾，不一定要選用花色紋路特殊的建材，因為這類建材價格通常比較高。可考慮採用較便宜的單色材質，只要多利用幾種顏色互相搭配設計，加以切割、拼花，也能做出特殊效果。

4.將樑下做滿系統廚櫃

將天花板或樑下往地坪的多餘空間完全做滿櫃子，以單位平均價格來說，比起只做半高櫃、矮櫃來得實惠，如果居家需要大量的貯藏，不妨考慮集中一面牆來做完全收納櫃，住宅空間更清爽好整理，也省去買單件櫥櫃、斗櫃、釘壁櫃的費用和工事。

訂製的系統衣櫃可技巧的消除橫樑穿越的問題。

□ 空間特色加分術

1.整體牆面的圖案計畫

常見的居家牆面多以單一顏色的建材來設計,如果希望牆面有特色圖案,可以參考本案利用建材、漆料、拼花或繪製的圖案,將整面牆壁統一連貫做出所謂的「壁面構圖」。

2.建材紋路增添細膩

裝修簡單、無特殊和繁複設計的住宅,如果希望有細膩的感覺,可以從建材的質感和紋路來表現特色,如本案的壁面建材,質感紋路清晰可見,牆面本身又具有圖畫感,增加不少視覺上的驚喜。

3.增加空間的層次感

在走道長的地方,或是正對特殊裝飾物的位置裝設鏡子,可以反射雙倍的影像,視覺上景深變大,能創造出對應的美感和趣味感。

臥室的風格大方不失溫馨。

省電燈管光線較柔和,且不會有聚熱問題。

什麼是穩重感建材？

所謂穩重建材，就種類來說，如石材、木質、金屬、水泥、卵石等皆是；色系上來歸納，則是較深的棕褐色、黑白灰色系、寶藍色系、土黃色系、赭紅色系、翠綠色等；穩重的造形構圖，則多偏好較方正、圓形、對稱的形狀或圖案。

利用建材色差或造型拼貼，可創造活潑感。

□ 建材&空間聰明Tips

1.腰帶磁磚裝飾效果強

「腰帶磁磚」指的是穿插在大面磁磚中的裝飾性帶狀磁磚，呈狹長狀由多塊拼成條帶狀的花紋的磁磚。腰帶磁磚的材質、種類、尺寸和花樣變化多，能打破整面牆都是素色的單調感，又不會使視覺太凌亂。

如果居家磁磚面已經施工完成，想自己增加花紋感，也可以到大型的裝修店購買「磁磚花紋貼紙」、「自黏式小磁磚」或「零售的小浮雕磚」等材料DIY，施作簡單且費用較低。

2.軌道拉門增加房間坪效利用

一般門扇的做法多是往房內開啟，如果房間較小，家具又多，為了增加空間的利用效率可以將開門方式改成軌道拉門，使室內空間使用更彈性。

● 彈性3至4房中大坪數住宅 ●

精華區增值熱，華麗混搭設計調

{ 我的幸福 }
　Ｄａｔａ

座落區位：
位於台北市敦化南路
上住商混合大樓，面
臨寬闊大道，視野無
遮，交通便捷。

住宅坪數：
約35坪。

原屋情況&裝修診斷：
三十多年老屋，管線
重新更換，格局凌
亂需敲除，裝修度
100%。

規劃後格局：
3房2廳2衛（包括：
玄關、客廳、餐廳、
開放式廚房、臥房、
小孩房、客房、2套衛
浴、工作陽台。）

裝修費用：
約200萬。

裝修手法

專業設計師設計監工
＋完全重做隔間、建材
＋全新家具家電
＋後續自行裝飾布置

本案屋齡超過三十年，
前屋主並未重新汰換過
管線，加上原本隔間不
當、橫樑立柱凌亂，需
大量封板裝飾，工程性
的裝修份量很重，因此
屋主委託室內設計師進
行規劃設計和監工，施
工約歷經兩個月完工。

Living
Room

隔間全部敲除 市區老宅脫胎換骨

你也曾想過在市區精華地段買一戶具
有增值潛力的好房子，享受住宅倍增的身價
嗎？本案例正是一個核心家庭在市中心購屋
的例子。屋主夫婦因女兒出生，生活空間不
敷使用，決定重新購屋。此次購屋首重「地
段」和「預算控制」兩大原則，因此老住宅
裡原本隔間不當、穿樑立柱凌亂的大缺點也
勉強接受，由於購屋費省了數百萬，所以即
使大裝修仍然值得。

本案將原本既有隔間幾乎全部敲除，
而屋齡三十多年，顧及衛生和安全也重新更
換管線，初期整理費用就佔了裝修預算的
1/3。室內重新隔間後，每個空間都變得方

正好用。所有臥房和客廳面臨大馬路，視野開闊一無遮擋，不僅採光良好，還可以清楚看見101摩天大樓。

系統家具與單品混塔 創造實惠空間

廚房採開放式，與餐廳連成一氣，空間得以變得更開闊。建材選取顏色和質感主要訴求溫馨，隱約帶著華麗感，打造出兼具溫馨華麗的住宅風情。主臥房以高級飯店的手法來規劃，利用床後樑下空間作隱藏式收納櫃和化妝鏡，角落處規劃出的浴室頗有隱密洞穴的情趣；寬敞的小孩房足以讓兩個學齡女兒共用；客房因為使用率不高而縮小面積，作為工作室或來訪客人的臥舖。

廚具、壁櫃和兒童書桌皆以價格比傳統木工便宜的系統櫥櫃來設計。家具則多以單品混搭方式來挑選，如米白的L形沙發、赭紅色的多用途圓凳等，加上女主人精選的各種擺設品，從大格局到小細節都注重，讓老屋翻新徹底成功！

典雅的茶壺杯盤也可以適時妝點家中空間喔。

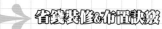
省錢裝修&布置訣竅

1.高比例自備款，減少貸款利息

最好能先儲蓄總價約1/3的自備款（購屋經費+裝修經費），可減少向銀行貸款的額度，避免貸款利息負擔太重。

2.尋找折扣購屋的管道

找熟識的仲介商，多留意法拍屋、銀拍屋的拍賣訊息，購屋總價就有比市價低2至4成的機會。以本案為例，幾乎省下400至500萬元，效益非常可觀。但是「拍賣屋」申購的程序和等待交屋的時間較長，而且產權需要代銷公司或法院代為釐清，這些都是要忍受和妥善處理的部分。

有趣的帳棚，讓兒童房滿盈歡樂的氣氛。

51

bed
Room

□ 延伸資訊
什麼是法拍屋、銀拍屋、金拍屋？

1.法拍屋：法拍屋多是因為前屋主有債務問題，受到債權人向法院申請強制執行處分，把其房屋或土地交由法院拍賣作為償還。可到各縣市法院查詢相關拍賣資訊。法拍屋會經由鑑價、公告等程序來處理。需注意的是，購買法拍屋通常無法事先看到房屋現況，點交時問題較多，這項風險必須審慎考慮。

2.銀拍屋：也稱銀售屋，是由銀行機構來拍賣的房屋，主要是因為前屋主對銀行的欠款無履行償還責任，銀行將其抵押的房屋拍賣作為求償（銀行也可能透過法拍屋管道取得土地或房屋來拍賣）。銀拍屋的產權和空間通常都會經過銀行整理，空間問題較少，產權和點交也比較清楚，價位上會比法拍屋來得高，但相較之下仍比市價便宜。

3.金拍屋：金拍屋是由台灣金融資產管理服務公司（簡稱台灣金服TFASC）委託執行法院拍賣的房屋。「台灣金服」是目前民間極少數獲財政部核准成立的代拍機構，可透過此公司資訊尋找法拍屋。

4.民間拍賣屋仲介業：拍賣性質的房屋通常透過上面三種管道來銷售。仲介商多半不會販售此類拍賣屋。如果透過不動產公司或私人仲介者接觸到價錢低廉的拍賣屋，要特別注意對方機構的合法性和誠信，並弄清楚這些拍賣屋的背景，有時候即使彼此簽有書面合約，仍無法達到百分百的保障效果，要小心落入交易陷阱而吃虧上當。

3.定好裝修預算上限，不再追加
把握住「有多少預算就花多少，不再多花一毛」的原則，不要輕易接受設計公司的「追加設計」、「追加請款」。

4.善用「中低價位建材」實現理想品質
請室內設計師改用其他質感和品質接近的「中低價位」建材，尤其現在「仿效果」的便宜建材很多，勤勞尋找、多和設計師溝通協調，盡可能在自己的預算範圍內，完成大部分的裝修需求。

5.附加性裝飾後續再添購
初期裝修工程最重要的是結構性、空間架構的施作，如果已無多餘經費，表面裝飾性的布置和點綴如貼壁紙、天花板裝飾線板、裝飾擺設等，可等以後再陸續增設，不急著在裝修初期就投入所有資金。

□ 空間特色加分術

1.格局的主從之分

居家空間中,有些區域宜寬,有些空間可小。像是客廳、餐廳等公共區域宜寬敞大方,每天回家就能有舒適愉快的感覺,家人共處的時光和品質也能提昇;單人房間以閱讀和睡眠機能為主,尺寸約達3公尺×4公尺即為適中格局,客房尺寸可以更小,主臥房能達到4公尺×5公尺至5公尺×6公尺左右(不包含浴室尺寸)即舒適好用。

2.開放式廚房

開放式廚房少了隔間的封閉感,可讓居家的視覺感更開敞、動線流暢,家人互動關係更親密。

3.建材質感多變化

一個住宅可以選2至3種以上的建材來混合搭配,利用建材本身的不同質感來界定區域、塑造不同空間感。

□ 建材&空間聰明Tips

1.華麗感的建材

採用金銅色的「鍛造花鐵門」,兼具防衛功能與華麗感。客廳、餐廳、廚房使用「拋光石英磚」,除了有亮麗華美的感覺,還有不卡污、方便清潔的優點,但是要注意壁面重壓和刮損。浴室洗手檯面為「金鋒石(大理石)」材質,擁有高級華麗的質感,因為小面積採用花費不高。

2.自然溫馨的建材

入口玄關處採用質感略粗糙的「復古磚」,洋溢溫馨樸質氣氛,且具有截留塵土的作用。在主臥房、小孩房、客房區內運用顏色深有穩定空間視覺的「柚木實木地板」,也有調節溫度的作用,觸感上不會過於冰涼,因為木地板略具彈性,小孩子活動時碰撞或無意間摔跤也比較安全。

3.特殊機能性建材

玄關和餐廳間,採用「空心玻璃磚」來隔間,不但可以透光,空間也不感到壓迫。本案在主臥房裡附屬的浴室門扇,以及餐廳與工作陽台之間的落地窗,都採用強化玻璃裡的「銀波玻璃」,玻璃面經過特殊處理,視覺無法穿透,卻可以透光,效果可說一級棒。

系統家具省去傳統木工費時且花錢的麻煩。

● 彈性3至4房中大坪數住宅 ●
詩意的生活雜貨&撿拾美學

座落區位：
位於台北市內湖區，
老國宅公寓。

住宅坪數：
約30坪。

原屋情況&裝修診斷：
因為是租屋，不打算
裝修，工程指數0%。

規劃後格局：
3房2廳1衛（包括：
客廳、餐廳、廚房、
主臥房、男主人工作
室、女主人工作室、
浴室、陽台。）

裝修費用：
無裝修工程，初期0費
用，後續多為添購雜
貨擺飾品的購置費。

裝修手法

自己DIY油漆釘作
+ 風格生活雜貨的
擺設布置

女主人本身具有
深厚的美學背景，
慧心獨具且巧手能作，
整個住家都是由自己
和先生DIY打造出來的，
節省經費，
而且更有成就感。

Living Room

拾荒美學，滿盈野趣

二十年的老國宅格局，能變出什麼花樣？走進略顯風霜的早期國宅社區，步上充滿歲月磨損的台階，一處充滿春意的宅門令人感到意外喜悅。木板釘作的牆面，刻意薄刷的白漆，襯上磁磚燒製的特殊門牌、手作的小木櫥、掛勾隨性吊掛的澆水壺、幾盆翠綠的蔓藤植物，充滿自然野趣之美。

餐廳是入門首遇的空間，這是老式國宅常見的格局，溫暖的橙黃色牆面、公園長條椅作成的餐桌椅、樹幹變成的衣帽架，都是屋主的DIY傑作，住宅彷如從水泥地板長出一棵奇異的再生樹，這裡究竟是公園？還是咖啡館？驚異的美，令人莞爾。

木雕禽鳥、煤油燈、燭台等細數不清的鄉村田園風格雜貨，琳瑯滿目幾乎已達小型家飾店的規模，更令人訝異的是，居家中還有許多家具廚櫃是「免費撿來的」，如女主人工作室裡的古典木座椅，廚房門外收納杯子的木格架等。

DIY與品味是最大的省錢布置秘訣

客廳裡的黑色鑄鐵暖爐，算是女主人最大的雜貨寶貝，「肚裡」拿來收藏一些小雜貨，整個家庭不由得變得歐洲起來。這麼多的自然雜貨，與老國宅建築和諧共處，沒有憑藉任何的專業裝修工程，這個風格之家靠著屋主夫妻慧眼識寶的珍藏品、隨機撿拾的苦力搬運，以及手工油漆、釘釘敲敲所打造出來，裡頭蘊涵許多DIY的實作經驗和省錢布置的秘訣，值得想擁有一間雜貨風格住宅的人參考。

琳瑯滿目的鄉村田園風格雜貨，具有實用和欣賞的價值。

省錢裝修&布置訣竅

1.撿拾免費的寶貝

在物資充裕的現代，路邊許多被淘汰的家具、家飾中不乏可再利用的好貨，撿拾後如能稍加整理、修補添作家用，不失為省錢的裝潢法則。本案屋主居家雜貨中就有許多是用此方法獲得，好用又有型有款。

2.巧手整修創造生機

撿拾來的「老件」、「殘件」如果有些褪色損傷，可自己動手刷刷油漆、上上潤滑油、補幾根釘子，其實就可以修補好，舉手之勞即可延續使用壽命，既環保又省錢。

3.實用生活器物當裝飾

具有實用性的杯盤、調味瓶罐、燈具、時鐘、收納箱盒等，如果本身也具有觀賞價值，則可多利用層架、壁掛等方式展示，一來兼具美化居家裝飾元件的實用功能，二來無須再花錢添購純欣賞的裝飾藝術品了。

雜貨風格的餐廳。

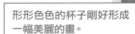

形形色色的杯子剛好形成
一幅美麗的畫。

□ 空間特色加分術

1.蒐集喜歡的家飾

也許一時之間沒有足夠經費把居家裝飾
品買齊全，不要急，經年累月慢慢的
逛、理性的篩選，才能挑選自己真正
喜歡的家飾，在負擔上可以「分期付
款」，在數量上也會逐漸豐富。每一件
家具家飾都是自己喜歡的，才能慢工出
細活的打造出一個順眼的家。

2.數大之美

有人喜歡極簡風格，然而繁複的元素如
果能透過適當的規劃設計，也能成為一
種空間美學。運用多量的生活器物，巧
妙的組合和串連，創造出的住家必然具
有「可看性」，本案住宅的豐富感就是
一例。但當雜貨多到瀕臨「雜亂」程度
時，就要做適當的收納，或以輪流展示
的方式裝飾。

3.風雅老件自成一格

老舊器物具有歲月洗鍊的痕跡，有令人
遐思的故事性，與新製器品的美感截然
不同，所以老東西為居家布置的裝修
主題也是一種獨特的風格。有些老件免
費可撿拾，有些則定價頗高，可以在實
體或網路的二手市場裡多尋寶。

bed
Room

□ 建材&空間聰明Tips

1.門面印象取代玄關空間

對於坪數不大的住宅來說,如果沒有特別的玄關位置,也不用勉強佔用客餐廳面積來做玄關,鞋櫃可與收納櫥櫃做上下區劃,也可以在住宅管理委員會的同意下,布置自己的住家入口,使住宅風格由外而內形象更完整。

2.創意取材別致不花錢

發揮惜材的心和靈活的創意,省錢布置其實很容易,如本案利用撿來的枯樹枝當成廚房門口的遮簾桿,既別致,又不用花一毛錢;別人視之如敝屣的收納櫃,重新上漆後,就能展現出另一番新生之美。記得多打量一下身邊不起眼的東西,也許會發現它們也有第二春喔!

隨意懸掛的澆水壺,也能增加木板牆的風采。

●彈性3至4房中大坪數住宅●

二代同堂分層住，老屋再創新風采

③種設計提案，毫不保留大剖折

我的幸福 Data

座落區位：
位於台北市萬大路，為早期開發的老社區，附近以低矮樓層屋居多。

住宅坪數：
共2樓層，各18坪。

原屋情況&裝修診斷：
四十多年老屋，格局因應新婚夫妻生活需做部分變更，建築外觀面磚重貼，管線重新更換，工程指數約達80%。

規劃後格局：
父親住2樓：2房2廳1衛（包括：客廳、餐廳、主臥房、小書房、廚房、浴室、陽台）。新婚夫妻住3樓：2房1廳1衛（包括：客廳、主臥房、書房、開放式簡易廚房、衛浴）

裝修費用：
約200萬。

裝修手法

室內設計師設計監工＋部分隔間變更＋部分舊有&部分新購家具家電

本案屬於整棟建築物的老屋翻新，包括建築物外觀工程更新，以及住宅內部兩個樓層的管線重換、部分隔間敲除重新規劃，由於預算考量，家具和家電部分多使用以前既有物，新品則少量添購。

Living Room

時尚的沙發讓樸素的空間溫馨起來。

更新建築物面磚 提昇價值感

新婚夫妻與父母同住，如果能利用不同樓層劃分生活領域，彼此都可以保留隱私生活。本案即為父母和新婚夫妻分住樓上、樓下兩樓層的型態，長輩住在較低的樓層方便進出，年輕夫妻住上樓層，兩層樓間有室內梯串連上下生活空間，彼此可以相互照應，兩代間也能保有獨立隱私的生活。

本案是屋齡已有四十多年的祖傳房子，在外觀上顯得老舊，住宅內部的管

線也需要好好的汰舊更新，因此在裝修費用上，必須有較高的預算解決基本問題。

「建築物外牆重貼面磚、更新牆壁內埋設的老舊管線、改變隔間」是本案最大的三項裝修工程。外牆重貼面磚屬於「面子」工程，可以提昇建築物的形象，增加建物的價值感。

空間規劃完善，讓日常家務收拾整理更輕鬆

本案每層空間約有18坪，父親居住的二樓空間，有主臥房、客廳、餐廳、廚房、浴室、陽台以及小書房，夫妻倆下班和假日，多會在此與父親一起用餐，所以廚房在空間和設備上都比樓上來得齊備。本樓層的陽台也是共用的洗衣晾衣空間，陽台還特別設有燙衣平台，使整理衣服的功能集中在此完成。

三樓空間為新婚夫妻使用，主要空間為主臥房、浴室、書房、客廳和簡易的開放式廚房，主臥房附設更衣貯物間，收納衣物和換季衣被，空間利用更有效率，臥房少了衣櫃，也顯得舒適清爽。屋頂加蓋的頂樓空間當作倉庫，也少了收納的煩惱。

➡ 省錢裝修&布置訣竅 ⬅

1.外觀求新不求貴
建築物外觀重貼面磚，主要訴求嶄新的視覺效果，如不特別挑選昂貴的面材，價格不會比室內工程昂貴。如本案整棟外觀工程重做防水、貼面磚，約12萬元即完成。

2.架構性裝修為主
把攸關衛生和安全的老舊管線汰換更新，隨著新婚增添家庭成員和生活型態改變

採取淨白、米黃的色系，樸實的裝修方式舒適大方。

Case
8

而做部分的隔間，這些基礎性裝修工程花費了屋主大部分的經費，剩下的預算必須精打細算，採用平均分配和低成本的原則，分配給地面、天花板、牆面以及必須增添的家電設備。

3.樸質大器不花俏

本案牆面、天花板、地坪鋪面都採取淨白、米黃的色系，不用炫麗色彩和特殊材質，沒有太多收納櫃和釘掛的裝飾品，這種樸實的裝修方式舒適大方，且較容易節省經費。為了避免居家太空洞，面積較大的客廳主牆上，花了小錢安裝一組軌道裝置，可以掛上圖畫、照片，也能方便隨時調整位置和更換新圖，實用方便。

毛玻璃牆當區隔牆，可以明顯分隔空間，而沒有封閉感。

□ 延伸資訊

建築物的安全屋齡

一般鋼筋混凝土建築，正常結構的預估安全年限約70~80年，屋齡四十多年的老房屋雖然看似老舊，但是只要結構建造紮實，經過強烈地震也未造成結構損壞的話，都還算是安全的住屋。只要更新各種管線，重貼建材，就可以煥然一新了。

若是樑、柱、牆面上有大於0.3公分以上的裂縫就要注意，出現大裂縫則要立即請專業結構人員來鑑定，評估是否還可以修復。細小的裂紋不要過度驚慌，那只是油漆品質不佳或日久乾裂的現象。

□ 空間特色加分術

1.內外整體裝修的做法
此案例從建築物外觀到住宅內部整體都作更新設計，創造出脫胎換骨的新氣象，就外觀而言價值感倍增。

2.主題家具增加質感
在簡約的空間風格、俐落的線條設計中，家具、燈光可以凸顯居家的溫馨細緻感。本案中的麂皮絨L型沙發、雅致的餐桌椅組以及溫和的燈光效果，都有柔化空間、增加質感的作用。

3.嵌燈簡潔照明手法
此案多利用天花板設置嵌燈，光線均勻柔和，且少了燈具造型上的協調問題和沈重感，不失為簡潔俐落的照明手法。

4.立燈、吊燈打亮局部氣氛
在一片省電燈泡當道的居家照明中，利用少數幾處位置來設置燈具，可以增加視覺、光效的變化，家庭氣氛也會變得比較溫馨，尤其能讓閱讀的角落、臥房空間、造景主牆更添情調。

□ 建材&空間聰明Tips

1.淺色系的色彩計畫
本案住宅空間呈長條屋型，面寬較窄，屋身較深，以前後兩窄面充分開窗採光，而牆壁、地坪採用較淺色系及有發亮感的建材來鋪面，可使小空間也能維持適當的明亮度和寬敞感。

2.溫馨安全的木地坪
木地板的特色在於冬暖夏涼，觸感舒適，而且略具彈性，具有安全防摔傷的效果，在長輩房、夫妻臥房、書房、樓梯採用木地坪很適合，和客廳的亮面地磚效果相比，有襯托不同空間感的作用。

3.半透明的玻璃牆
通往屋頂倉庫的樓梯側和客廳電視之間，以一道毛玻璃牆區隔，既可當扶手牆顧及上下樓梯的安全，也使客廳電視牆面產生半通透的效果，避免砌築實牆的封閉感。

4.附加耐油污廚房壁材
廚房瓦斯爐台周圍牆壁最容易有油垢髒污殘留，磁磚雖然好清潔，但縫隙容易卡污變色，附加一層耐高溫的強化玻璃板，沒有縫隙卡污的問題，清潔容易，鏡面的反射效果，也可使廚房看起來較寬敞潔淨。

安裝一組軌道裝置，可以掛上圖畫、照片，也能方便隨時調整位置和更換新圖。

PART 3

空間改造、坪數增加
獨家秘技全公開

在房價居高不下的都會區，購買大坪數的住宅並非易事，有能力買下一間坪數中小型的住宅也是件很幸福的事。而空間較小的住宅，對於濕氣的排除、通風的流暢、狹小感的處理方式、生活雜物的收納、風格主題的建立、布置的技巧，更需要用心的作好規劃設計，才能達到小而美的生活品質。

無論是多大坪數的房子，其實只要能技巧的克服下一頁所說的幾個常見問題，就能住得身心舒暢，擁有優質的好品質和增值的好房價。

打敗小坪數常見6大問題

1.自然採光避西曬

　　空間能有充足的自然採光，會顯得生氣盎然，對於居住者的健康也有絕對的幫助，而喜歡栽種花草植物的屋主，陽光也是一項重要的栽培要素。

　　窗戶最好能面向南方、東南方向，這兩個方位整日可以有比較長時間的日照，也可節省白天開燈的電費；如果開窗偏北，光線較柔弱，白日及陰雨天，室內仍需開燈補充光線；偏西向、西南向的開窗則容易有西曬問題，不僅會造成居家烘熱，空調耗電也會增加。所以購屋前要審慎評估，盡量避免多數房間朝西面開窗的住宅。

2.加強通風勤除濕

　　潮濕是海島型國家的一大居住問題，廚房油煙也是健康的一大殺手，這些問題都和通風有關。購屋前多注意，住宅的每個空間最好都能空氣流通、通風良好，除了對居住者身體健康有幫助，也能減少黴菌病源孳生，通風良好的空間也有助於排除室內浴室濕氣、廚房油煙，且降低空調的使用率，節省電費。

　　建築物和裝修建材的黏著劑、油漆也會揮發出一些有毒的物質，如甲醛、甲苯等，長期吸入有礙健康，屋齡很新的住宅以及新裝修完工的住家，要特別保持室內的通風流暢，以利有毒物質排至戶外。

3.2合1生活機能重疊術

PART 3

　　一個空間當作兩種用途，是最節省住宅面積的方式，也是所謂「高坪效」運用技巧。居家生活中有些使用機能，其實是可以重疊共用的，以下提出12組空間機能適合重疊的配對供參考，如果是小套房面積很小，其實還可以把空間作更高濃度的利用，1個小區間當3至4種用途。下頁有12個組合，可供參考：

 12種2合1生活機能重疊術

1.「客廳」與「玄關」結合

　　住宅空間坪數較小時，建議捨棄玄關，使空間集中到客廳，增加使用功能和寬敞感。必要的鞋櫃可集中於接近入口處的收納櫃，騰出幾格櫃子擺鞋和雨具等用品即可。

2.「客廳」與「餐廳」結合

　　家庭成員少，且多為上班族的家庭，可以省去餐廳空間，把用餐機能合併到客廳，可節省餐廳桌椅組的費用，只需在客廳買大一點的茶几就可取代。

3.「客廳」與「臥舖」結合

　　面積較小的住宅，家具數量宜精簡，以免空間感壅塞，尤其是小套房，睡覺的床鋪可以考慮和客廳沙發結合，一個家具兩用，節省購床費用，也減少床鋪佔據住宅使用面積。如果沙發要兼作睡舖，選購時要特別講究寬度、深度、材質、透氣性等功能，才能發揮良好的雙用途。另外，地坪鋪木地板，採用和風地坪、榻榻米睡法，也很省空間。

4.「客廳」與「書房工作間」結合

　　喜歡家中有書香氣息，或是必須在家中工作的SOHO族，客廳是最適合的重疊利用場所，可以選購大一點的茶几或「角落工作組合家具」作多元化的用途。偶爾有會客需要，客廳也很適合隨時作擺設變化，充當臨時會客室。

5.「餐廳」與「工作間」結合

　　餐廳也可以當作工作室，因為一天中真正用餐的時間不多，而且餐桌桌面通常寬大好用，SOHO族可多考慮運用此處工作。

6.「廚房」與「餐廳」結合

　　如果在家開伙機率不多，可以考慮開放式廚房，一來空間比較開敞，二來廚房的工作台加寬，即可變成用餐的吧台，配上幾張高腳椅，可省去餐廳的裝修和燈具、家具的購買費用。

7.「2房間」合成「1房間」

如果2個房間面積都不大,而且其中一間無特定家庭成員使用,可以考慮敲除隔間牆來加大空間感,在臨時留宿親友時,可運用「彈性隔間」方法,以遮簾等作暫時性的區隔。如不想敲除隔牆,也可以將臥房原本一部分的機能移到另一間,如更衣室或閱讀室,就能將需求獨立出來。

8.「2衛浴」合成「1衛浴」

浴廁1全套＋1半套(無浴缸和淋浴間),比起2套完整的浴室來得精省空間。也可考慮把2間浴室合併成一間,能更節省面積,洗手檯、馬桶、淋浴間之間都以短牆或拉簾作適當的區隔,即可同時容納1至3位家人作不同使用,面積利用更為精省。

9.「陽台」與「收納工作」結合

陽台空間是住宅創造清新自然氣息的最好地方,種些花草,掛串風鈴,就是便宜的裝修方式。如果陽台空間較大,還可以將一部分空間規劃貯藏櫃作收納用,唯要注意放置整齊避免凌亂。陽台也是洗衣、曬衣的地方,利用升降曬衣索即可彈性運用空間。

10.「陽台」與「運動健身」合併

喜歡在家運動,除了考慮客廳,也可以利用陽台空間,陽台空間能接觸比較新鮮的空氣,再布置些綠意,更有益健康。練瑜珈,或是擺一台跑步機,就是屬於自己的私人健身中心了。

11.「化妝檯」與「洗手檯」共用

如果主臥房面積小,沒有足夠的空間或恰當的位置擺設化妝檯,不妨考慮與浴室的洗手檯作結合,洗臉後直接保養上妝,換隱形眼鏡藥水也方便。少買件家具不但省一筆錢,還能使臥房增加空間。

12.「更衣間」與「貯藏室」共用

利用臥房角落或居家畸零凹縮空間設立一處更衣間,可以釘製比衣櫃收納更多衣物,如果空間足夠,也可以貯藏其他生活雜貨與電器。

4.小坪數住宅速配單品介紹

● 可伸縮的彈性家具

空間越小，就要控制購買家具和裝飾的數量，添購了新品，就該淘汰等量的舊物，使家庭的生活物質維持在一定的質量，避免越來越擁擠。除了有效控制家具家飾的數量，市面上有一些專爲小空間設計的特殊家具，有些具有「縮骨功」、有些具有「延伸術」，巧妙運用這些特殊功能的家具，能幫小空間變出更多空間、更多彈性用途。

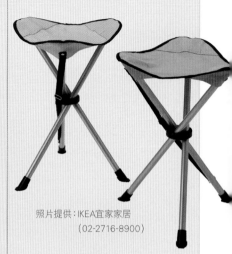

＊伸縮桌：餐桌兩邊可拉出延長，平日只佔小空間，客人多時可拉開增大使用面積。

＊摺疊桌椅：桌腳可摺疊的和式桌、床邊桌、方形圓形的摺疊餐桌，都可以在不使用時收成一片薄板不佔空間。方便收納的椅子類，如帆布椅、星球椅、導演椅、塑膠氣墊椅、木頭摺疊椅等，視覺輕巧且收納方便，客人多時擺出來，大家都有座位了。

＊成長型桌椅：成長型升降桌椅，可隨著使用者的身高變化來調整桌面高度，桌子和椅子彼此也方便互相搭配適當高度，只要錯開使用的時間，一張桌子全家大小都可使用，無須一人一桌佔空間面積。

＊多用途沙發床：沙發床、L型沙發是最典型的多用途沙發，除供休憩之用，必要時也可當臥舖。如果有當臥舖的需求，要特別注意沙發的長寬尺寸，以及彈性和透氣性。另一種變通方式，是把單人床當沙發用，選擇床架穩固的，睡覺品質較佳，白天當沙發用時只要把被褥鋪平，加上幾個靠枕即可。

＊子母床、上下舖：床舖是臥房的主要家具，尤其雙人床佔據的面積不小，2人共用時可以考慮使用「子母床」和「上下雙層床」，子母床的子床可以推進母床底下，非睡眠時只佔用單人床的面積，上下舖以雙層臥舖的方式設計，也是省空間的好家具。

● 效率收納，清爽俐落

住家總是有許多生活雜物，若空間小沒有專門的貯藏

室，除了可以利用裝修設計時，技巧的製造收納空間，如天花板上、高架底板下、樓梯下畸零空間等，也可以運用各式收納櫃、收納盒來整理，只要善用收納工具，小屋也能變得整潔清爽。

*系統櫥櫃：小住宅如果想要集中收納，可以在一處樑下空間作一面容量較大的收納櫃。木板較薄的密底板系統櫥櫃，通常比現場木工釘製來得輕巧，費用也比較便宜。

*斗櫃、單櫃：斗櫃多為抽屜式收納，高度多作在120cm以下，以四斗、五斗櫃款式居多，最適合收納衣物。家具店也有各種款式的單櫃可以零買，收納書籍、貯放雜物、展示用櫃都有不同的櫃型可選擇。

*雙層書櫃：當居家可用的牆面較窄，擁有的書籍卻很多的時候，雙層書櫃就是一種好用的家具，裡層適合擺放雜物，隱藏起來不凌亂，外層的書櫃除了擺書也可以展示美麗飾物。

*布質吊掛收納格：收納袋、收納格適合收納重量輕的物品，如T恤、毛巾、手巾、襪子等，此類收納袋質地輕軟，對小空間不會產生壓迫感，而且不用的時候本身也很好收納，捲起來收好即可。

*大口藏寶箱：有蓋的收納箱多為木製品，裡頭可以放五花八門的雜貨，蓋起來就看不出亂象，如古傳的大衣箱、樟木箱等老件，或是新流行的藤編箱、免費可取得的紮實酒箱等都很實用，還可以當座椅或茶几，本身美觀的話更有裝飾居家的效果。出國才用的大行李箱平常也別閒著，換季衣物、兒時珍藏的紀念品都可收納進來。

*盒椅、箱椅：盒椅、箱椅兼具箱盒收納功能，又能當作椅子，用途很多。市面上多以木質、藤編材質居多，實用又省空間。

*收納整理小配件：市面上還有許多精巧的收納整理小工具，如多層式掛裙褲衣架、立體多層平晾衣網、可把衣服縮得扁薄的收納真空機等，都是可以節省收放空間的好幫手。

*其他隱藏式收納法：把收納容器本身也隱藏起來，是收納的最高境界，可以透過巧妙的裝修設計和遮擋的技巧來達成。比方利用天花板夾層、樓梯下畸零空間、陽台空間、床底來貯藏，不過需要注意美觀和防潮問題。

5.小空間聰明放大術
● 通透寬敞隔間法
*打通隔間牆
室內封閉感的最大原因，就是隔間牆的高度和距離太近，適度的敲除隔間牆，空間放大效果立即顯現。適合打通隔間的情形：比方2個房間面積偏小，打通中間的隔間牆合成一個房間，變得寬敞好擺放家具。小套房或1房1廳的大套房格局，居住人口單純，室內的隱私問題少，也很適合完全打通隔間，採用另一種高度低、柔性化的空間界定方式。

*半隔間
半隔間也稱為「短牆」，就是隔間牆不完全封到天花板，只砌一半的高度，常作到120cm的高度。半隔間的好處是可以界定出空間感，又不遮擋視線，顯得居家較寬敞。在小空間遇到需要隔間的時候，可採用「半高」的矮牆、書櫃或屏風來處理，以避免空間看起來更狹小封閉。短牆就視覺效果來說，上半部可以透空，也可以封上玻璃等透明材質，如書房和臥房之間、廚房和餐廳之間都適合此做法。

*變透明變輕盈
需要實體隔間，但是希望能減少壓迫感，可以在隔間牆的材質上選用「透明」或「半透明」的材質，如清透的強化玻璃，以及帶有各式花紋樣式的毛玻璃、雕花玻璃、玻璃磚等，能使光線穿透，又有區隔作用。

*隔間修圓弧
在隔間的轉角處作圓弧狀的修飾處理，牆面生硬感會變得比較柔和，也能使房間外的通道動線更流暢。牆面選用帶有曲線、弧線或圓點狀的壁紙、鏤空花磚來修飾，也能柔化牆面的封閉感。

*家具櫥櫃隔間法
不採用實牆隔間，以家具、櫥櫃來界定空間，可省去實牆隔間佔據的面積，家具櫥櫃本身又具有機能使用性，而且隔間效果在視覺上比較通透。

*屏風遮擋法
屏風可以遮擋部分視線，很適用只需輕度區隔的空間，不使用時，摺疊起來也方便收納，不失為彈性隔間的好道具。屏風本身具有設計感，甚至能成為主宰房間風格的要角；有些屏風還附有收納袋，可放雜誌、CD或勾掛裝飾品，具有多用途的功能。

PART
3

＊垂簾捲簾法

木簾、竹簾、布簾等各種材質的垂簾或捲簾，具有若隱若現的特殊視覺效果，適合運用在客廳與工作室之間、書房和臥房之間，或是陽台、窗台的遮陽。垂簾本身的面積效果很直接，在材質、顏色、花樣上，要注意搭配整體的居家裝修風格。

＊建材轉換界定法

顏色、質感的區別，也是一種空間轉換的方式。利用天花板、牆面或是地坪建材的材質、顏色來變化，就能創造出不同空間的屬性和氣氛，增添居家色彩和細節的豐富性。

● 多用途家具家電

傳統式1機1用途的家具和家電，佔據住宅的面積和體積很大，如果能盡量降低數量，住宅寬敞感自然增加，購買經費還可能更精省。

＊多用途家具、家電

可以發揮多元化功能，如沙發床可以沙發兼臥舖、箱椅可以收納兼座椅、餐桌可以用餐兼工作、茶几可以當餐桌等。而多用途家電：如電腦螢幕可兼看電視、冷氣暖氣雙用可省去電暖爐等。

● 選用小尺寸的家具、家電

物品體積越小，佔用的空間越少，整個家庭如果依此原則空出空間必然可觀，盡量選用「小型」、「迷你型」、「薄型」的家具、電器，如沙發不買整組，買座位數較少、尺寸較小、扶手靠背較薄的款式（歐美款的沙發通常體積較大）；浴缸改用小型的泡澡盆或淋浴式設備、不選加大尺寸的床舖。

● 不擺高大厚重的裝飾物

住宅的裝飾物，在體積樣式上，以輕巧、小型為主，避免巨大、厚重、佔體積的擺設，如大盆栽、大雕塑品。喜歡裝飾性，可以考慮在牆面或地坪上點綴立體的擺設品。

● 亮度高的色彩計畫

室內的天花板、牆面、地坪都是大面積的空間架構，對視覺美感和空間感的影響度幾乎是百分百，可盡量採用亮度較高、顏色清爽、淺色系的油漆和建材，如白色、米白、淺藍、淺黃和顏色柔和的粉色系，避免使用暗沈的深色系造成壓迫感。

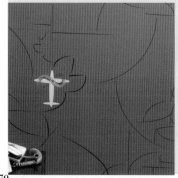

橫條帶狀線條紋路

牆面和地面採用水平橫條帶狀的紋路，可加深寬度和深度。也可採用分割尺寸較細小的建材，避免採用大片方塊或太複雜的圖案，以免使空間看起來變小、變鈍和變複雜。

天花板增高減壓術

如住樓頂層或獨棟住宅，在結構不受影響的條件下，可考慮在屋頂開天窗，讓自然的陽光和綠意灑落下來，抬頭看得到藍天白雲，住起來更輕盈舒適。

＊室內天花板作凹槽製造升起感，或是讓嵌燈槽深度往上加深，就能創造高度拉高的感覺。

＊若室內高度原本就比較低矮，便不適合再釘造型天花板，否則會使空間變得更扁更低。

＊把門扇高度加高作到天花板，也就是把門扇變得高大，可以有效的增加室內高度感。

善用鏡面反射增加景深

運用玻璃鏡面的反射效果，可使室內空間看起來變成兩倍大；利用天花板裝設鏡面也是一計，可拉高室內的空間感。另外，有反射感的材質如鋼琴烤漆、拋光石英磚、釉面磚等也可多加利用。

化暗為明多點燈

陰暗會使空間感覺起來比實際更小，因此保持明亮是小空間的裝修重點之一。能在適當的位置開幾扇窗戶，讓自然陽光透射入內最好，對居家衛生有很大的幫助，又能節省能源。如果是不便開窗的暗房和走道，或被鄰近高樓遮擋了光線，則可藉由充分的照明設備來活化氣氛。隱藏式照明可使室內天花板看起來清爽無障礙物；吊燈、吸頂燈則要注意燈具的尺寸和造型，淺色透亮的材質較適合。

外推窗邊&借景延伸視野

窗戶盡量採用大面透明澄澈的玻璃窗或落地窗，不要有太多複雜的窗櫺框架。如果周邊環境視覺品質佳，可以強化窗邊休憩功能，向戶外和道路借取遠景，使居家感覺更寬敞。窗戶和陽台空間，以外推手法做凸出的八角窗、外伸的鐵窗，也可有效增加使用空間，並使室內的感覺擴大。

6.巧用畫龍點睛實惠飾品

裝修滿足生活機能之外,還可以利用一些精緻、有設計感的家具、設備、布置品、擺設,或是局部特殊的建材飾面,來提昇居家的可看性和價值感,達到「精緻住宅」的水準,自己住賞心悅目,賣屋也可增添房價。

● 繽紛鮮艷好氣色

為求空間感清爽放大,可在整體淺色系的住宅中,局部採用裝飾性的鮮艷色彩,和特殊的質感,來提高視覺上的變化感,如活用調色油漆、利用花樣較顯著的壁紙,或變化高彩度的家具布套,使居家更繽紛鮮活。

● 清新通風好空氣

住宅能擁有足夠的開窗面積來加強對流效果,就有所謂「好氣場」。若空氣較不流通,可裝設抽風機、電扇、冷氣機、空氣清淨機等設備改善。利用窗邊、陽台等陽光照得到的地方,栽培鮮活的花草植物,也能提昇居家的空氣品質。

● 晶瑩亮麗豪華感

想讓居家看起來更明亮、有貴氣,有許多效果不錯的手法可運用,比方利用作工精美的水晶吊燈、貼金箔銀箔的家具家飾、選用亮面建材的地磚、閃耀光芒的串珠掛簾等,以及提高壁面、天花板顏色的明亮度,都可以使住宅產生華麗輝煌的氣氛。

● 特殊設備機能加分

先進的特殊設備,雖然價格不便宜,不過如果能更節省空間,或極具功能性,不妨斟酌購置,比方輕薄的液晶電視、有溫墊和洗淨效果的免治馬桶、浴室恆溫除濕器、密碼指紋辨識門禁系統等。

● 精緻細部擺設

＊特殊拼花雕刻建材

建材有很多花樣,有些具有細緻耐看的連續紋路、有些觸感變化特殊。近年所流行的巴里島風、木雕飾片、砂岩雕花磚、中國古典的木窗花、歐式浮雕等產品的裝飾性也很強,運用在室內或花園布置皆有不同風味。

＊精緻有型的家具

標榜有特殊功能的機能性家具、難尋的古董老家具,手工打造標榜限量
生產的家具飾品等,都能凸顯個人對生活的特殊品味。

＊皮革絨毛裝飾品

真皮毛革類的裝飾毯,總是帶有華麗的風情。羊毛毯是較無動物
保育法顧慮的種類,而虎皮、貂皮、牆面裝飾的動物頭部藝術
品則爭議較多,其實有許多仿製品可搭配選用,唯質感良窳不
齊,選購時要多比較色相和觸感。

＊設計感強的燈具

選擇燈具除了實用性外,還要兼具美感。燈具的種類很多,如檯燈、桌
燈、立燈、壁燈、吊燈、吸頂燈、庭園燈(如石燈、煤油燈等),材質
的使用變化多端,多到大型的燈飾店參觀比較,可以獲得許多新鮮的靈
感和知識。

＊精緻餐具與廚房雜貨

廚房餐廳是凝聚家人情感的重要地點,實用又有設計感的餐具,可以營
造廚房風格。先設定好主題,朝類似的方向挑選各種餐具雜貨,才容易
形成豐富而不雜亂的美感。

＊印花刺繡抱枕

在沙發、臥舖、地板上放幾個抱枕,就讓人有非常放鬆、休閒的感覺。
如何在輕鬆慵懶的氣氛中營造出品味,避免淪為邋遢?抱枕的材質、花
樣及尺寸都有影響,可仔細挑選。

＊貼心細節設計

有些設計品隱藏著許多貼心的細節,如隱藏式的開關把手、方便收納小
物的凹槽、修圓弧的轉角、磨邊拋光的建材、符合人體工學的家具、襯
墊防撞的軟牆護面等等,這些貼心設計,不僅讓生活更方便安全,也讓
住宅顯得更具深度品味。

＊情境裝飾雜貨

燭台、織品、窗簾、藝術創作品、掛圖、床罩款式、鳥籠花房、風水流
水器、魚缸、花缽器皿等,都是醞釀住宅情境的好用飾物,這些小件雜
貨可在整體裝修完成後,分次分期陸續添購。

照片提供:Homebox(0800-800-958)

自己當師傅，
簡易裝修6工程

有些較小型、局部性的工程，可以自己動手來，既可省工資，又能增加成就感。以下六項鋪設和換裝工程，由專家示範指導，讓你能輕鬆成為裝修師傅。

照片提供：Homebox (0800-800-958)

1.鋪木地板DIY

準備材料：
鋪底夾板、拼裝木片、鋸子和木地板切割器、收邊貼布。

施作步驟：

1. 將要鋪木地板的地面範圍都鋪上一層夾板。

2. 從牆角開始鋪起，木地坪片互相接合，可用鎚子從側面輕敲使木片相接密合。

3. 鋪到最後要收尾時，木地板片的尺寸裁切成符合現況需要的地板尺寸，用專門的切割器材切好陸續拼裝完成。

4. 木地板鋪設完畢，在各邊與牆面相接處，貼上同木色的專用收邊膠帶即完成。

師傅的叮嚀：
* 市售夾板尺寸：有3分(9公厘)與4分(12公厘)的尺寸，建議採用4分夾板。
* DIY木地板尺寸數量計算：面積1平方公尺=0.3025坪，一般是以一箱半坪販售。

PART
3

2.刷油漆DIY

準備材料：

工作背心、油漆刷1至2把、高處用伸縮柄滾筒、油漆、油漆盤、專用遮蔽膠帶（膠帶含約30公分的防污塑膠布）。

施作步驟：

1. 準備好工具及油漆。需要自己調色的油漆，則取小水桶、色母、底漆調拌好。

2. 在需要油漆和不油漆的牆面交界處貼上專用的遮蔽膠帶。油漆好後撕開即可出現平整好看的色彩交界面。漆天花板時，則在地面和家具上另外鋪上報紙，以防落漆。

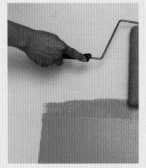

3. 平整勻塗法：一般住宅油漆多採用平整勻塗法，即以油漆刷或滾筒均勻平塗，反覆多塗幾次能讓厚度夠、顏色也較飽和。

4. 乾刷花紋法：想變點花樣，可用油漆刷的端部沾少許油漆，乾刷出喜歡的花紋和壁畫。乾刷時，必須先在牆上以鉛筆大約打出花紋線條等樣式。刷子沾上油漆後，最好在不用的夾板上試幾次效果如何，再正式開始。

師傅的叮嚀：

*水泥漆VS.乳膠漆：水泥漆較便宜，必須加水否則不容易調開；乳膠漆價格較貴，有平光和金光之分，髒污時可用水輕擦。以方便性來說，乳膠漆較易維護保養。

*特殊色以「色母」調製：如果自己有特別喜歡的油漆色感，可以買相近的「色母」搭白漆調拌均勻，調整出自己喜歡的色彩深淺。市售色母常見為紅、黃、藍三原色。

*角落塗刷工具：塗刷到牆邊或角落的時候，可以使用專門的角邊刷，即可處理出漂亮的細部。

3.置物層架DIY

準備材料：

整組置物架（含螺絲五金）、電鑽、螺絲起子。

施作步驟：

師傅的叮嚀：
*置物架樣式與材質：市售置物架的材質和尺寸有很多變化，主要以松木板、金屬網架、玻璃置物層板最多，可搭配室內裝修風格來選用。

1. 量好要掛設置物架的位置，用鉛筆作上記號，以電鑽鑽孔，打入釘母。

2. 套上固定座，插進層板片。

3. 以起子轉緊螺絲釘，使座架和層板穩固結合。

4. 以同樣步驟把每一層層板都架上牆即完成。

4.木桿窗簾DIY

準備工具：

電鑽、木桿窗簾組、螺絲起子。

施作步驟：

1. 先量好要安裝的位置，作上記號，以電鑽鑽孔、打入母釘和螺絲釘，固定座架。

2. 木桿、木環套好，兩端以螺絲將牆上的座架固定好才不會滑動。

3. 將勾好掛勾的窗簾片對準環扣勾好。

4. 整理窗簾的流蘇和繫帶即完成。

PART 3

師傅的叮嚀：
*注意兩片窗簾若有流蘇和滾邊，花邊安裝的方向要對稱。

5.更新喇叭鎖DIY

準備材料：

一字起子、釘子、電動起子（或十字起子）
新喇叭鎖（含五金附件）。

施作步驟：

師傅的叮嚀：

*注意喇叭鎖的內外頭：安裝喇叭鎖時，要注意插鎖匙面的頭座要朝向房間外，可以按下鎖門的開關頭座則要朝向房間內，以免使用上發生錯誤。

1. 從房間內喇叭鎖的腰部找到一小孔，拿一釘子插入轉下喇叭鎖頭。

2. 以一字起子從鎖座底部的缺縫插入翹開，拿起套圈。

3. 以電動起子轉起固定的螺絲，往外推即可卸下整副喇叭鎖。

4. 安裝新的喇叭鎖以反順序操作即可。

6.換裝水龍頭DIY

準備工具：

扳手、螺絲起子、新水龍頭（含五金附件）。

施作步驟：

1. 以扳手拆下洗手檯底座螺絲，卸下座擋瓷器。

2. 用螺絲起子把水源開關關掉。

3. 轉動接合零件，拆掉水管連接處，並鬆開水龍頭的固定螺絲，把整組舊的水龍頭卸除。

4. 放上新購的水龍頭，反向操作步驟安裝回即可。

師傅的叮嚀：

*關水源後先作測試：在步驟2關掉水源開關後，要開水龍頭測試一下是否真的不會出水，以免造成意外出水，還得費心收拾。

裝修專業度自我養成

照片提供：Homebox（0800-800-958）

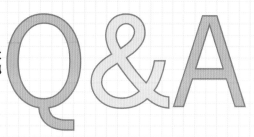

Q1：如何增加自己對居家布置的靈感?

A1：最簡單快速的方式，就是到書店去翻閱國內外與室內裝修、居家布置及生活雜貨等有關的書籍雜誌，從各種風格和實際案例中，迸出許多自己對居家的想像，如果書中剛好有符合自己偏好風格的圖片和建材施工法等資料，不妨買下該書，作爲設計構思的藍圖，若聘請室內設計師也有資料溝通討論。

Q2：如何找到好的室內設計師與工程師傅?

A2：方法1：在建築及室內設計相關的書籍雜誌上，可以透過各個實際案例的介紹，找到風格與自己理想接近的室內設計師（案例），打電話到出版社詢問室內設計師的聯絡方式，通常可以得到答案。

方法2：常去有裝修設計的親友家、餐廳、旅店參觀，如果有設計感和施工品質優良的個案，即可詢問設計師的聯絡方式，順便可以藉此瞭解設計師的專業性、誠信和服務親切度。設計師通常都有自己配合的各項工程師傅，如果確定委任室內設計師，就不用另外尋找工程人員了。

Q3：該如何與室內設計師清楚溝通？

A3：預算方面：明白告知總預算上限，且約定好除非業主提出設計變更造成費用增加，否則不再追加裝修費。

設計風格：從報章雜誌上蒐集自己喜歡的居家風格圖片，設計師會更瞭解你的需求和偏好。

圖面與口說相輔相成：養成以圖面和設計師溝通的習慣，不管畫圖技巧如何，多用筆勾勒出自己想要的裝修樣式，雙方邊解說邊繪圖的溝通是最有效易懂的方式。

BOX重點小貼士！

省錢的設計諮詢方法

1. 朋友中若有熟識的設計人才，不妨情商以「友情價」來計費。
2. 帶著自己居家平面圖，到具有規模、講究服務的系統家具店、精緻家具家飾店，也可享有免費設計規劃的諮詢服務。

Q4：室內裝修常用計算長度、面積、體積、重量的換算公式有哪些？

A4：長度：1公里（km）=1000公尺（m）=100000公分（cm）。

1英吋（inch）=2.54公分（cm）。

1吋（台寸）=3公分（cm）。

1分（板才厚度單位）=0.3公分（cm）。

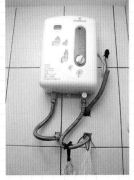

面積：1平方公尺（㎡）=1000000平方公分（cm²）=0.3025坪。
　　　1坪 = 3.306平方公尺（㎡）。
體積：1立方公尺（m³）=1000000立方公分（cm³）。
　　　1公升（ℓ）=1000毫升（m¹）=1000c.c.。
重量：1噸（t）=1000公斤（kg）。
　　　1公斤（kg）=1000公克（g）。
　　　1台斤=0.6公斤（kg）=600公克（g）。

Q5：哪些是必須仰賴專業，不能省的工程？

A5：1.結構體的補強。2.三十年以上老屋更新老舊管線。3.防水隔熱工程。4.危險建材的變更（如容易滑倒的光滑地磚）。5.敲打變更隔間形式6.更換衛浴設備。7.敲除重鋪地面材質。8.安裝中大型家電（如空調冷氣、熱水器等）。

Q6：設計圖要特別注意哪些事項？

A6：圖面種類：室內裝修圖面，最主要的是「住宅既有現況圖」以及「規劃設計平面圖」，規劃設計平面圖上會標示空間尺寸、家具、樓地板高低差等資訊。更詳細的設計圖，還包括室內剖立面圖、細部設計大樣圖、電路配管圖、木作施工大樣圖等，只要認為有需要，可向室內設計師提出繪製圖面的需求。

　　比例尺（scale）：實際住宅尺寸縮小變成圖面的比例，如比例尺1/100（也可標Scale 1：100），即實際空間上100公分的長度縮小在平面圖上以1公分作代表。通常室內設計圖的比例尺約1/50至1/30比較能詳細標示。

　　尺寸標示：設計師除了在整張設計圖上應該標示比例尺，圖中重要的各個隔間牆、窗戶寬、家具尺寸、走道寬度、樓梯寬度也應標示。另外如有繪製剖立面圖、室內樓層淨高圖及櫥櫃高度圖，也都應該詳細的標示尺寸，以方便討論和檢討。

　　方位對照：在看平面設計圖時，要注意住宅的方位，標上正確的「指北針」，可方便檢視原有現況和設計後窗戶位置與採光通風是否良好。

　　細部設計：對於細節的設計，如在平面圖上不方便標示出來，會有另外一張局部放大圖，將設計細節如線板、曲線弧度、材質及厚度等細項標示出來。

　　施工大樣：此部分為解釋各種建材的組合與施工工法，多為工程師傅在看，如有需要也可請室內設計師提供並作說明。

Q7：看估價單時要特別注意哪些事項？

A7：1.各項工程名稱（主工程名稱通常爲業主名，如陳先生住
宅裝修案；細項工程可能以木工、水電、泥作來分列，
也可以各個不同房間名稱來分列）。

2.建材確認（各工程項目使用建材名稱、等級、型號、數
量計算的確認）。

3.小計（單項工程連工帶料的費用）。

4.設計費和監造費（設計師規劃設計和監工的費用）。

5.雜項（行政、車馬費、師傅便當茶水費等雜項費用）。

6.工程總價（工程總價即「連工帶料」包括：各項工資
+建材費+監造費+雜支+清運費等所有項目的費用總
和）。

7.備註事項（在估價單表格中未載明的事項，或是統一規格的事項，如櫥櫃夾板的厚度
一律爲6分木心板、油漆全部採平光乳膠漆等；其他增加的服務事項成本也會納入估
價單費用，舉例來說，如代購家具、家飾，收取代購總價之6%的費用）。

Q8：裝修工程合約有哪些約定事項？

A8：裝修工程合約書的格式，會依不同設計公司而不同，主要的內容項目多爲以下幾項：

1.業主名稱（簡稱甲方）

2.承包廠商（以下簡稱乙方）

3.甲方委託乙方承攬裝修工程，雙方同意訂定共同遵守條款如下：

工程名稱：X先生（小姐）住宅裝修工程

工程地點：（施工住宅地址）

工程範圍：（依照估價單與設計施工圖說，經甲方同意簽認後，依所列項目照進度施工。本
工程範圍和建材，得隨時經雙方同意增減，所隨之增減費用也經雙方同意作修訂。）

工程日期：開工日期：民國ＸＸ年Ｘ月Ｘ日；完工日期：ＸＸ年Ｘ月Ｘ日。

4.工程總價：新台幣ＸＸＸＸ元整。〈未含稅〉

（通常會有釐清權責的備註：如甲方認爲有變更設計的需要，可與乙方進行協商再度修定完
工日期和增額經費。若因不可抗力之自然因素或事故非乙方造成，雙方至現場查驗屬實後，
延長工作期限，增加的工資由雙方協商給付事宜。）

付款辦法：甲方需依照分期日給付乙方工程款，通常分三階段給付：

第一期款(20％)於ＸＸ年Ｘ月Ｘ日開立現金票新台幣ＸＸＸＸ元整支付予乙方。

第二期款(50％)於ＸＸ年Ｘ月Ｘ日開立現金票新台幣ＸＸＸＸ元整支付予乙方。

尾款(30％)於ＸＸ年Ｘ月Ｘ日開立現金票新台幣ＸＸＸＸ元整支付予乙方。

6. 工程圖說：本工程所有設計施工圖面由乙方繪製提出，經乙方解說甲方確認簽定後，乙方必須確實照圖施工，如甲方提出工程變更需要，乙方得配合修改圖說。

7. 施工器具：本裝修工程所需之施工器具設備概由乙方自理。

8. 必要水電：現場施工所需之水、電由甲方提供。

9. 試用驗收：工程完工，甲方需先驗收，如甲方提出需修改，雙方協商後，由乙方配合施工費用，依照施工範圍標準來決定是否追加。驗收通過的工程部分，即開始保固期，甲方並需支付工程尾款及追加款。

10. 保固期限：本裝修工程完成，經甲方驗收簽認，即日起保固壹年，如確實因為施工不良、建材品質不佳而導致使用損壞者，乙方需負責免費修復。若因甲方使用不當或不可抗拒之其他因素，乙方不需負任何責任。

11. 本合約附上設計圖、估價單，自簽約日起生效，正本壹式製作成貳份，由甲、乙雙方各持乙份以資依據信守。

12.

立合約書人簽章：

業主名稱(甲方)：　　　　　　　　　　　身份證字號(統編)：

通訊地址：　　　　　　　　　　　　　　聯絡電話：

承包廠商(乙方)：　　　　　　　　　　　負責人：

通訊地址：　　　　　　　　　　　　　　聯絡電話：

立合約日期：中華民國　　　年　　　月　　　日

Q9、與裝修相關的法規、政府管理機關有哪些？

A9：法規參考：與室內裝修設計有關建材、設計、面積規劃、消防、公共安全等規定，可參考《建築技術規則》、《公寓大廈管理條例》裡相關篇章，坊間書店歸類在建築工程類。

　　各項事務洽詢單位：與裝修有關的事務，多歸屬於各縣市當地政府機關工務局之「建管單位」，如建管課、建管局等。

最受歡迎的居家裝修風格 TOP6

附錄 2

想把家裡設計得有風格、有品味,卻不知如何動手嗎?不妨從時下流行的各種風格開始瞭解起,找出自己喜歡的生活態度和裝修布置樣式,取其精神,利用自己既有的家具資源仿效,或是到風格家具家飾店挑選適合的布置品來搭配,就可以把理想轉化為實際的空間裝修了。

如果不僅喜歡一種風格,可以在2至3種不同的風格中萃取自己特別喜歡的部分,然後做混合搭配,或是讓每個房間展現不同風情,這種設計規劃會得到更豐富多樣的視覺與生活感受。把握時下受歡迎的空間風格重點,再融入自己的創意與生活習慣,就能輕鬆打造出理想的住宅!

01

現代都會風格

風格主題:追隨風潮、流行、變化、奢華。

都會風格的室內裝修最大特色,就是會隨著各種設計界(如服裝界、藝術界、建築界、攝影界等)的潮流變遷而改變價值觀,以不同構造、建材、手法呈現新裝修風格,潮流變遷的頻率約每季一小變,三年一大變。春夏秋冬每季都有主打的風格和色系,可用布置品來做變化,或每三、四年來一次家具家飾的汰舊換新,可把居家部分重新粉刷或改變貼面建材,重點家具也酌量更新。

情調布置重點:無論潮流如何變化,總是採用設計感強烈、個性鮮明的家具和家飾,從大型的整組家具配套,到小件的燈具、抱枕、裝飾物,都可酌量採購做居家風格變化。

02

休閒享樂風情
風格主題：輕鬆、舒適、感官、享樂。
休閒享樂風情定位的住宅是每個人身心歡愉的
天地，以及下班後的休憩避風港。所以非常重視心靈與感官上的放鬆、舒適度，也就是
「情緒設計」、「五感設計」，裝修所採用的建材、家具、布置品的顏色、觸感、象徵
意義都是重點。總之，把居家設計成自己和家人回家後能感覺放鬆、愉快的樣式，就是
最大的設計目標。

情調布置重點：「巴里島風格」及「Lounge沙發文化」很貼近休閒慵懶風情的價值觀
點，懶骨頭沙發、大量的抱枕、低矮的臥舖、柔和不刺激的色系、觸感舒適自然的材
質、維護輕鬆不費力的鋪面和台面，以及與餐飲享樂有關的設備器具：如可以貯放許多
美食的冰箱、酒櫃、器皿、視聽音響、淋浴泡澡蒸氣設備等，都是極具關鍵的設計重
點。

03

機能實用主義
**風格主題：實用、經濟、收納強、重視人體
工學。**
喜歡把錢花在刀口上的屋主，最崇拜的應該就是機能務實主義，所有的裝修多集中在滿
足飲食、睡眠、洗滌浴廁、運動健身等方面的家具和家電上，材質也會著重在耐用、好
清理的特性上，至於休閒娛樂和裝飾性的擺設較少。這樣的居家裝修當然非常經濟，不
過要注意是否會流於生硬、缺乏溫馨感、美感不足等問題。

情調布置重點：要滿足機能，又要避免居家太生硬，可以在選購建材鋪面、家具、家電
時兼做「實用機能」和「外觀美感」的雙重評估，使機能性的產品具備裝飾和實用雙重
功能。

◯4

手作DIY風潮

風格主題：樸拙、自然、漸進、反機械文明。

經過長期的機械文明生活之後，許多人對於機械生產的制式化產品感到厭煩，希望追求一些人文質感來做平衡，因此手工藝的價值再度復興。從親自裝修工程、自己縫製家飾布織品、用自然素材改變生硬的面材、打造自己的花園等來滿足心靈，手作風潮一直有特定的愛好者。相關家具飾品可以屋主自己動手製作，或是委託各類專業手作達人來代工，也可以到家飾精品店購買現成的手作商品來做居家布置。

情調布置重點：自行組裝式的各種家具和家飾最具代表性，如手工鑄造的鍛鐵門花、手工縫製的沙發等各式各樣的手作藝術品等。目前手作家具家飾品最大宗來源為東南亞、中國等地，價格普遍比歐美或台灣本地手工藝家作品來得低廉，且樣式選擇多。屋主也可以自己參與居家設計和裝修工程，像是自己刷油漆、彩繪壁面、釘製小木器、製作創意裝飾品等，讓自己的家更有自己的痕跡和味道。

05

古典優雅風

風格主題：復古、懷舊、優雅、記憶感。

其實各個國度都有古典的歷史背景，風格大有不同，如印度的「神秘風情」、維多利亞的「細緻優雅」、文藝復興年代、巴洛克、洛可可的「華麗裝飾」等，照自己喜歡的情調多蒐取豐富的參考資料，可以增加設計靈感，也比較知道該如何傳達所需樣式，讓設計師瞭解，採購家具裝飾品時也不會出錯。

情調布置重點：鎖定哪一國度的古典風情路線後，考慮預算，真實的骨董古件價值較高，可以買一些情調相近的仿古家具、飾品來做省錢布置。古款的建材通常已不容易尋得，多採用仿古效果的面磚、磚石、混凝土材料等來替代，手工窗花或雕刻工可以找一些有經驗的老師傅來製作。

06

簡約禪意風

風格主題：簡單、留白、重意境、少裝飾。

主要強調的是簡單之美，不掛滿裝飾品、不用鮮艷複雜的顏色填滿牆壁，不擺放過多的家具，奉行「適度留白」的原則，把生活機能簡化到基本的需求，其精神和空間形式都是很好的參考，又能讓居家變得很透氣輕盈，身體能夠在斗室中盡情伸展，真是省錢又討喜。

情調布置重點：以「素雅」為視覺考量，選擇優雅不花俏的建材、壁紙、窗簾、布飾或漆面，白、灰、淺粉色系最適合，平直或細緻的線條紋理最速配。樸拙的陶瓷器、粗麻墊或軟草蓆，點綴上燈光、插花材，就能讓空間簡約而不單調，充滿寧靜與生命感，在機能和視覺平衡上發揮高度的技巧和美感。

裝修維護DIY工具箱，布置維修不求人

如果能自己動手做簡單的裝修、布置和維修，可以省下不少工錢，在進行之前，
必須有適當的工具輔助，所謂「工欲善其事，必先利其器。」

照片提供：Homebox（0800-800-958）

住家準備的修繕工具不必像施工師傅那麼齊全，挑選重點以經濟實惠為考量，以下40種工具對於居家較實用，如果屋主對於某些工程項目特別偏好（如木工或泥水工程），可以針對那個項目增添更詳盡的配備。

1.法寶全收工具箱

＊工具箱：五金行和居家修繕量販店都有販售工具箱，款式顏色選擇多，多為手提式，方便移動攜帶，工具箱內一層為可移動的分格設計，可以裝釘子、螺栓、環釦等小零件，至於螺絲起子、老虎鉗等工具多放於下層。其他大型的修繕工具如電鑽、鐵鎚、鋸子等放不進去，可另外找收納盒來整理在工具櫃裡。

捲尺

角尺

2.尺寸方便量

＊捲尺：室內裝修最基本的工作之一就是丈量尺寸，無論是量空間、地坪、家具、窗簾等各種大小尺寸，一個捲尺通通沒問題。捲尺可長短伸縮，尺頭有一凸出的金屬片方便勾住或靠緊測量物的一端，單人測量也很方便。捲尺還有一個固定用的卡榫，可在確定量好的時候按下卡榫使尺不再縮動，方便判讀尺寸數據。收尺時要小心用，另一隻手先固定好金屬尺面不動，撥開卡榫後以慢速收回，若快速收尺很容易造成尺身彈跳割傷皮膚的危險。有些捲尺除了有公制、英制尺寸刻度，還具有尺寸的風水吉凶供參考。

＊角尺：角尺以金屬製作呈L型，方便測量櫥櫃或小型裝修物件，由於金屬材質堅硬，也可做為臨時切割小片軟料時用，是木工師傅的必備品。

3.防護用具

＊工作手套：戴粗麻手套是保護玉手的最基本防護，無論是搬建材家具、切割、油漆，這個防護緩衝，都可減少手部受傷。

＊浴帽與塑膠雨衣：浴帽的用途很多，像是油漆時怕落漆滴到自己，或是清除牆面天花板高處灰塵時，戴上浴帽就是最好的防護。拋棄式的塑膠雨衣，則可以不必擔心灰塵、油漆污損衣服。

＊報紙：在油漆時，可以利用舊報紙鋪在地上和家具櫥櫃上，避免油漆滴落污損；搬運家具家電時怕地坪鋪面被刮損，也可先鋪上報紙來做防護，等家具家電都搬到定位後再把報紙拿開。

4.油漆五法寶

＊大小油漆刷：油漆刷有大有小，多以豬鬃毛製作，尺寸差別多在刷毛寬度上的不同，可以依照要塗刷的面積或細微程度而變化刷子。一般牆壁油漆多會準備2至3種刷子，寬刷毛用來刷塗大面積，中小型的可以刷牆角、門框交界處、窗框邊和踢腳板的上端交界面等比較需要仔細小心的部位。選購時除了注意尺寸，還要輕拉看看會不會很容易掉毛，避免影響油漆時的順暢和品質。

油漆刷

滾筒刷

＊平面羊毛刷：非刷毛式的平面羊毛刷，只要將刷面平貼牆面順著塗刷，就可以得到平整的漆面效

果，比傳統毛刷來得更簡易，不會有毛脫落或棕毛開叉污損塗面邊緣的問題，初學油漆者可考慮使用。

＊滾筒刷＋盛漆盤：滾筒狀的塗刷器比用油漆刷來得省力，塗刷牆壁和天花板都適用。滾筒的寬窄尺寸可依照需要來選取，材質多爲海綿，可吸取飽滿的漆料，塗刷力道可以控制釋出油漆量的多寡。滾筒可搭配專用的盛漆盤，方便均勻沾上漆料和控制吸收的份量，而且隨時放置刷具都很方便，比較不會有油漆滴落和污損地面的情況發生。油漆刷和滾筒的最佳搭配法就是：大面積和高處用滾筒刷，小細節和轉彎處用油漆刷。

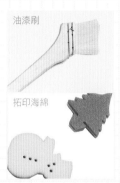
油漆刷
拓印海綿

＊滾筒刷伸縮桿：市售滾筒刷多可加裝延長桿，方便塗刷高處，不用搬梯子就可刷好，具有伸縮功能的油漆桿，方便調整長度，比較省力。

＊圖案模片＆拓印海綿：市售的花樣模型片有多種花樣，可以方便塗刷漆料時製造出花樣，也可以自己用塞路片、塑膠片、鋁片或海綿等材料，剪出喜歡的花樣來使用。

5.披土去污五大天王

＊披土刮刀：牆面不平整時，會影響上漆或貼壁磚、壁紙的效果，最好事先以專用補土來補平，此工程稱爲「披土」。披土時利用專用的「披土刀」來取補土填入凹洞處，然後反手利用刮刀面來回抹平，即可讓牆面平整光滑。

＊去漆除霉刮刀：油漆滴落在地上或天花板、牆壁發霉褪漆等現象，要使用去污刮刀清除乾淨，材質上可分「金屬刮刀」和「塑膠刮刀」；較輕的污漬或灰塵可用專用「毛刷」來處理；怕刮傷的櫥櫃台面則可使用專用的「木器刷」小心刷除污漬。

＊鋼刷：要對付水泥牆面上沾黏的頑強漆泥塊，就得使用超級無情強力鋼刷來刷除了。鋼刷的金屬釘很堅硬，要小心貯放。

＊菜瓜布：菜瓜布質地有軟有硬，也有細金屬絲材質，可依據面材表面的耐磨性來選擇材質刷洗髒污。菜瓜布還可以用來做特殊效果，沾了油漆用拓印法來印壓，可在牆面製作出雲彩、仿古等不同效果的牆面。

各式刮刀與鋼刷

＊抹布：居家布置時，抹布是最基本的工具，應分擦拭家具較乾淨的抹布，和擦拭較髒污的地板兩種專屬抹布。另外，擦拭時最好能準備一組抹布：一條濕、一條乾，可以在擦拭後迅速保持乾爽，避免再度黏灰或潮濕發霉。

6.爬高我最行

＊安全工作梯：市售工作梯主要爲鋁梯、木梯兩大類，在高牆或天花板上油漆、清潔、安裝或維修燈具等工作時，都會使用到工作梯，選擇拉開有兩支腳分立的梯型比較穩固，如果還能依需要調整高低，則更實用！

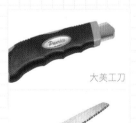
工作梯

7.犀利切割鋸

＊大美工刀：美工刀是居家DIY最普遍的切割器，買大一點的美工刀刀片較厚、施力較足，可以切割軟質鋪面貼材，切斷線材和膠帶也很方便。

＊人力＆電動鋸子：鋸子依照用途分成許多種，家庭最常用的有三種：「鋼鋸」主要用來切割金屬材料；「線鋸＆電動線鋸」主要用來切割木材，方便切出多變的弧線花樣和角度，可分人力式或電動式。還有便於收納的「摺疊式手鋸」，拉開和收合時要小心以免傷手。

大美工刀

摺疊式手鋸

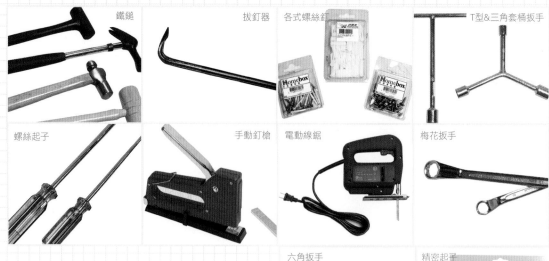

鐵鎚　　拔釘器　　各式螺絲釘　　T型&三角套桶扳手

螺絲起子　　手動釘槍　　電動線鋸　　梅花扳手

六角扳手　　精密起子

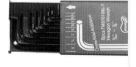

8.釘子&入釘&拔釘

＊釘子：釘子多分為鐵釘、螺絲釘、塑膠釘。鐵釘無螺牙；螺絲釘和塑膠釘都有螺紋牙或鋸齒狀，長度越長的釘子與牆體咬合效果越佳，有些釘子的端部較尖銳，方便釘入尖硬的壁體。

＊鐵鎚：鐵鎚用來把釘子釘入壁體，有些鐵鎚另一端還有其他如拔釘、尖敲等功能。鐵鎚依材質和附加功能有尖嘴槌、鈍頭鐵鎚、橡膠槌、木槌、羊角槌等。橡膠槌、塑膠槌、木槌都是為了怕施力時傷及材料表面時使用。

＊拔釘器：拔釘器就是用來拔釘子用的鐵桿，長長的握把前端彎折有開叉，把釘頭卡在縫細中用力拉起，即可順勢把釘子拔除。

＊螺絲起子：螺絲起子依照不同的施力需求、釘子型式大小，有長、中、短等握柄長度設計，以及「十字起子」、「一字起子」等差異。通常居家都會有不同尺寸的十字起子和一字起子各一組。另外還有鎖細小尺寸釘子的「精密起子」。

＊電動起子：電動起子最大的好處在於省力，種類和機型都很多，可以依照裝修需要來選購，盡量選擇有「控制扭力」功能的機種，可避免鎖螺絲時扭力過大而破壞了螺絲牙。

＊扳手：扳手主要也是用來轉緊螺絲，配合不同的螺絲尺寸

多用鉗子

有不同的樣式，如「六角扳手」、「梅花扳手」、「三角套桶扳手」、「T字套桶扳手」，為求方便可買一組「套桶扳手組」，依照不同尺寸的螺帽更換適當的套桶大小。

＊萬能扳手：萬能扳手也稱為萬能鉗，功用類似活動扳手，螺絲在空間較小不能使用水平旋轉的扳手時，可以用萬能扳手來轉動。

9.多用鉗子

＊老虎鉗：最普遍的一種鉗子，施力起來很容易，可以剪斷鐵絲、鋼絲等堅硬的線材。

＊尖嘴鉗：尖嘴鉗適合用來纏繞鐵絲、剝電線外皮、拔小釘子等用途，有多種形式可以選擇。

＊剝線鉗：專門用來剝去電線外層塑膠皮，減少傷害電線內部金屬導線的工具。一般住家使用頻率不高，如果有尖嘴鉗，也可替代使用。

10.簡易木工

＊刨刀：刨刀可以將木頭表面或邊緣刨修

得較平整光滑，依照木料尺寸、大小可分別運用大刨刀、小刨刀。

＊木工鑿子： 鑿子是木工中的小工具，用來處理細部要修平、挖鑿、削除的小地方，或是雕刻木頭面上的裝飾花紋和線條。鑿口形狀可分「平鑿」、「圓鑿」、「斜口鑿」，鑿刀寬度可分為1至8分和1吋等多種規格，可視需要選用。

木工用刨刀

＊手動釘槍： 釘槍多運用在與木料有關的釘合上，如固定木板和角條，或是沙發等皮布材料邊緣與木料角條的固定，使用時注意釘槍口絕不可以朝著人，而且要小心誤觸扳機。

熱溶槍

11簡易水電泥作

＊電鑽： 主要用在牆壁、天花板、地板等結構體上鑽洞，或是要敲除某部分結構體之前先鑽洞做破壞之用。電鑽的鑽尾為因應結構體的材質有多種形式可更換。電鑽主要的使用模式有以下3種：

電鑽功能： 用來鑽孔。

震動功能： 用來震裂破壞要敲除的結構。

電鑽+震動： 多用來鑽混凝土、磚牆面。

三用電表

＊三用電表： 三用電表主要用來測量電源的「伏特數」（一般多為110或220伏特），以及電源「是否短路」（如果有電阻產生，表示有流通電；如果數字顯示為0，表示該處電流短

電鑽

路），住家使用購買電子型讀數據較為方便。

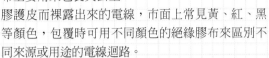
電動起子

12黏膠類

＊絕緣膠布： 絕緣膠布主要用來包裹失去塑膠護皮而裸露出來的電線，市面上常見黃、紅、黑等顏色，包覆時可用不同顏色的絕緣膠布來區別不同來源或用途的電線迴路。

＊遮蔽膠帶＆紙膠帶： 用在油漆時，將漆面和不油漆面的交界部分貼上，避免不油漆的地方沾到油漆，如牆面與窗框、牆面與踢腳板、牆面與壁櫥等，不同油漆面的交界處，也用此法貼住，再先後交互上漆。

＊防水膠帶： 防水膠帶的韌性和黏性都很強，而且方便撕斷，多用在水管接頭處、塑膠管或塑膠盒小裂縫的修補，以防止滲水。

＊止水膠帶： 市售止水膠帶為細窄的白色膠帶，用來作為嚴密防水、防止空氣滲透，常使用的地方如水龍頭接合處、水管接合處等地方，注意纏繞時要與該處螺紋「逆方向」纏繞約10圈以上最能達到效果。

＊熱溶膠＋熱溶槍： 熱溶膠槍組分為熱溶槍和熱溶膠條2部分。熱溶膠條為半透明細圓條狀，插入熱溶槍尾處推緊，將熱溶槍插電加熱，膠條即溶化，可用來修補管路接頭、物品裂縫等。

＊矽力康＋矽力康槍： 矽力康是黏合性很強的一種膠體，將矽力康瓶裝入矽力康槍上，可用來黏合玻璃、陶瓷、塑膠、金屬等多種材質的接合處及縫隙，以防滲水或漏氣等問題。

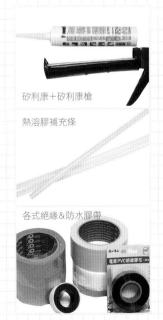
矽利康+矽利康槍

熱溶膠補充條

各式絕緣＆防水膠帶

朱雀文化 和你快樂品味生活

北市基隆路二段13-1號3樓　　http://redbook.com.tw　　TEL：2345-3868　　FAX：2345-3828

EasyTour系列　新世代旅行家

EasyTour006 京阪神（2006新版）──關西吃喝玩樂大補帖 希沙良著 定價299元
EasyTour007 花小錢遊韓國──與韓劇場景浪漫相遇 黃淑綾著 定價299元
EasyTour008 東京恰拉──就是這些小玩意陪我長大 葉立莘著 定價299元
EasyTour010 迷戀巴里島──住Villa、做SPA 峇里島小婦人著 定價299元
EasyTour011 背包客遊泰國──曼谷、清邁最IN玩法 谷喜筑著 定價250元
EasyTour012 西藏深度遊 愛爾極地著 定價299元
EasyTour013 搭地鐵遊倫敦──超省玩樂秘笈大公開！ 阿不全著 定價280元
EasyTour014 洛杉磯吃喝玩樂──花小錢大聰明私房推薦遊透透 溫士凱著 定價299元
EasyTour015 舊金山吃喝玩樂──食衣住行超Hot教戰守則 溫士凱著 定價299元
EasyTour016 無料北海道──不花錢泡溫泉、吃好料、賞美景 王 水著 定價299元
EasyTour017 東京！流行──六本木、汐留等最新20城完整版 希沙良著 定價299元
EasyTour018 紐約吃喝玩樂──慾望城市玩透透超完美指南 溫士凱著 定價320元
EasyTour019 狠愛土耳其──地中海最後秘境 林婷婷、馮輝浩著 定價350元
EasyTour020 香港HONGKONG──好吃好玩真好買 王郁婷、吳永娟著 定價250元
EasyTour021 曼谷BANGKOK──好吃、好玩、泰好買 溫士凱著 定價299元
EasyTour022 驚豔雲南──昆明、大理、麗江、瀘沽湖、香格里拉 溫士凱著 定價299元
Traveler001 第一次旅行去新加坡 黃翎雯著 定價199元
Traveler002 第一次旅行去首爾 黃翎雯著 定價199元

FREE系列　定點優遊台灣

FREE001 貓空喫茶趣──優游茶館・探訪美景 黃麗如著 定價149元
FREE002 海岸海鮮之旅──呷海味・遊海濱 李 旻著 定價199元
FREE004 情侶溫泉──40家浪漫情人池＆精緻湯屋 林慧美著 定價148元
FREE005 夜店──Lounge bar・Pub・Club 劉文雯等著 定價149元
FREE006 懷舊──復古餐廳・酒吧・柑仔店 劉文雯等著 定價149元
FREE007 情定MOTEL──最HOT精品旅館 劉文雯等著 定價149元
FREE008 戀人餐廳──浪漫餐廳、激情Lounge Bar、求婚飯店 劉文雯等著 定價149元
FREE009 大台北・森林・步道──台北郊山熱門踏青路線 黃育智著 定價220元
FREE010 大台北・山水・蒐密──尋找台北近郊桃花源 黃育智著 定價220元

SELF系列　展現自我

SELF001 穿越天山 吳美玉著 定價1,500元
SELF002 韓語會話教室 金彰柱著 定價299元
SELF003 迷失的臉譜・文明的盡頭──新幾內亞探秘 吳美玉著 定價1,000元

PLANT系列　花葉集

PLANT001 懶人植物──每天1分鐘，紅花綠葉一點通 唐 苓著 定價280元
PLANT002 吉祥植物──選對花木開創人生好運到 唐 苓著 定價280元
PLANT003 超好種室內植物──簡單隨手種，創造室內好風景 唐 苓著 定價280元
PLANT004 我的香草花園──中西香氛植物精選 唐 苓著 定價280元
PLANT005 我的有機菜園──自己種菜自己吃 唐 苓著 定價280元
PLANT006 和孩子一起種可愛植物──打造我家的迷你花園 唐 苓著 定價280元

MAGIC 019

輕鬆打造！中古屋變新屋——絕對成功的買屋、裝潢、設計要點＆實例

作者	唐芩
攝影	張世平
美術設計	許淑君
編輯	彭思園
校對	連玉瑩
企劃統籌	李橘
發行人	莫少閒
出版者	朱雀文化事業有限公司
地址	台北市基隆路二段13-1號3樓
電話	02-2345-3868
傳真	02-2345-3828
劃撥帳號	19234566朱雀文化事業有限公司
e-mail	redbook@ms26.hinet.net
網址	http:/redbook.com.tw
總經銷	展智文化事業股份有限公司
ISBN	978-986-6780-09-7
初版一刷	2007.10
定價	280元

出版登記 北市業字第1403號

全書圖文未經同意不得轉載和翻印

本書如有缺頁、破損、裝訂錯誤，請寄回本公司更換

國 家 圖 書 館 出 版 品 預 行 編 目 資 料

輕鬆打造！中古屋變新屋

——絕對成功的買屋、裝潢、設計要點＆實例

唐芩----初版----

台北市：朱雀文化，2007（民96）

面：公分----（Magic 019）

ISBN13碼978-986-6780-09-7

1. 不動產業 2. 家庭布置 3.室內設計

554.89　　　　　　　　　　96016544

鳴謝

本書的完成，是由許多專業人士和廠商的支持與協助！感謝提供住宅裝修經驗的家庭，從事電視媒體廣告工作的劉經理與Cindy夫婦，任職環境工程公司的陳小姐夫婦、美編界以品味著名的張小珊小姐、時尚雜誌採編小米、日商公司的沈先生夫婦、廣播名嘴巫小姐和木作設計師陳先生，從事影像3D動畫模擬的黃設計師，資深平面美術工作者張小姐，熱愛旅遊的詹小姐夫婦，香港來台定居的劉先生，以及對於房地產研究專精的羅大榮教授、房屋經理人蔡先生。

另外要特別感謝Homebox在本書為讀者提供居家DIY工程專業示範，以及專業居家修繕知識，IKEA宜家家居提供實用又有伸縮彈性的傢俱產品圖片，使小空間的擺設佈置更富有想像空間。

朱雀文化莫小姐對美化生活相關出版不遺餘力，攝影師張世平先生、美術編輯、文字編輯的專業與用心，使這本實用的裝修書籍充實豐富，圖文並茂，閱讀起來賞心悅目，輕鬆易懂。對於這些致力於美化生活、營造幸福的團隊和個人，在此一併致上最高的敬意與謝意。

{About買書}

*朱雀文化圖書在北中南各書店及誠品、金石堂、何嘉仁等連鎖書店均有販售，如欲購買本公司圖書，建議你直接詢問書店店員，如果書店已售完，請撥本公司經銷商北中南區服務專線洽詢。北區（02）2250-1031 中區（04）2312-5048 南區（07）349-7445

*上博客來網路書店購書（http://www.books.com.tw），可在全省7-ELEVEN取貨付款。

*至郵局劃撥（戶名：朱雀文化事業有限公司，帳號：19234566），
掛號寄書不加郵資，4本以下無折扣，5～9本95折，10本以上9折優惠。

*親自至朱雀文化買書可享9折優惠。